KB074890

제복은
　　영원한
애국이다

그림그리는 안보·경제전문가 김희철

난리장판 시장 1982년作, 수채화 53×32(10호)
교육장교 시절 화천시장 장날 풍경

어머니의 미소
2020년作, 유화 33×24(4호)

벙커들의 아우성 2009년作, 유화 100×80(40호)
8군단 참모장 근무 시 하조대 부근 유격장 벙커에서
마치 쳐들어오는 적의 함성처럼 밀려오는 파도의 아우성을 들으며…(호국미술대전 입선작)

악이다 깡이다 2011년作, 유화 91×72(30호)
8군단 참모장 근무 시부터 육군대학 교수부장 시절까지 3년 동안 틈틈이 그린 작품
양양 바닷가 8군단의 추억을 되새기며, 뒤편 바닷가 고성 해금강을 묘사(호국미술대전 특선작)

1980 육군사관학교 생도
(육사 37기)

1982 중동부전선 한탄강 GP장

1984 50연대
선봉중대 선발

1997 37사단
작전참모 현장지도

2000 합참 심리작전
공군 체험 훈련

2003 65사단 183연대장-
군단장 현장 보고

2005 8사단 16연대장-
사단장과 토의

2008 8군단 참모장-
빗속 100km 행군 병사들 격려

2008 8군단 참모장-충혼탑 참배

2010년 육대교수부장- 육군대학 방문 외국장군 영접

2012 육군정책실장-
지상군 페스티발에
참석한 백선엽장군과
한남대 총장

2012년
청와대 위기관리비서관
박근혜 정부의
을지연습 NSC 시
김장수 안보실장과 회의

군인공제회
관리부문부이사장
(2014.5.1~2017.3.31)

전 청와대 위기관리비서관 김희철의
대한민국을 지키는 7가지 안보 전략과 해법

제복은
영원한
애국이다

김희철 지음

"대한민국을 지켜라!"

북한 핵·사이버테러 위협과 **사드**, 그리고 **위기관리 대처법**까지
그동안 우리가 몰랐던 **국가안보의 실상**

오색필통

추천사

송영근 예비역 육군중장 (전 기무사령관, 제19대 국회의원)

저는 처인구 마성리 자락에서 태어난 토박이 원조 처인사람입니다. 육군사관학교 27기로 임관하여 기무사령관을 끝으로 군에서 전역한 뒤, 제19대 국회의원을 역임하면서 40여 년의 공직기간 동안 군과 국가발전을 위해 부족한 능력이었지만 최선을 다해 열심히 살아왔습니다.

이 책의 필자인 김희철 예비역 장군은 제가 육군사관학교 훈육관 시절부터 대대장 재직 시에도 교육장교로 함께 근무하는 등 줄곧 옆에서 지켜보았던 아끼는 제자이며 군 후배입니다.

마침 김 장군도 처인구에 위치했던 제3야전군사령부에서 감찰참모로 근무하며 장군으로 진급하자 처인구의 후덕한 인심과 자연풍광에 매력을 느끼며 애착을 갖게 되어 이곳에 정착한 지 벌써 17년째가 된 처인사람입니다.

처인구는 고려시대 몽골의 제2차 침입 시, 처인성에서 승려 김윤후가 몽골 사령관 살리타이를 사살함으로써 전의를 상실한 몽골군은 더이상 남하하지 못하고 북으로 철수하여 남쪽지방의 전쟁피해를 감소시킨 전승의 고장입니다.

또한 6·25남침전쟁 중에 튀르키예(터키)군은 M1소총에 총검을 꽂고 처인구 김량장동 151고지를 향해 닥치고 돌격해 전투가 끝나자 발견된 중공군의 시체는 총 474구였는데, 대다수가 개머리판에 맞아 뼈가 부서지거나 총검에 찔려 과다출혈을 일으킨 흔적만이 남은 대승을 거둔 곳이기도 합니다.

이 '김량장 전투'에서 튀르키예군은 '백병전의 터키'라는 명성도 얻었고, 중공군의 불법 전쟁개입에 따른 1.4후퇴 이후 유엔군 반격의 발판이 되는 계기를 만들었습니다.

이처럼 처인구는 '처인성과 김량장동 전투' 등에서 중국의 침략을 막아내며 전쟁의 승패를 좌우하는 결정적인 역할을 했던 자랑스런 호국충절의 고장입니다.

하지만 우리의 현 상황은 지난 문재인 정권 5년 동안에 수차례의 남북 및 한미북 정상회담을 통한 허울 좋은 화해협력 정책으로 우리는 9.19남북군사합의 이행과 양보 그리고 퍼주기만을 계속했는데, 민민에 북한은 이를 역이용하여 핵과 미사일 개발을 완성 단계까지 발전시킨 상태가 되었습니다.

이번에 처인사람 김희철 장군이 내놓은 이 책 〈제복은 영원한 애국이다〉를 통해 독자들이 문재인 정권의 잘잘못을 짚어보고 감춰졌던 진실을 알게 되기를 바랍니다.

현재 북한이 개발한 핵과 미사일을 가지고 위협할 수 있는 것은 그동안 송나라의 간신 진회처럼 진정한 평화보다는 비겁한 평화가 더 낫다는 비굴한 평화론자들이 판을 친 착각의 결과입니다.

우리는 국가안보를 위해 온 국민이 일치단결하여 북한의 도발에 철저히 대비함은 물론 응징하여 그들의 야욕을 무력화시키며 동반자로 만들어 민족의 염원인 평화통일을 이루어야 합니다.

이 책을 쓴 김희철 장군은 이명박 정부에 이어 박근혜 정부까지 청와대 위기관리비서관직을 수행했습니다. 이처럼 청와대 비서관이 두 정권을 이어 유임되는 경우는 정부 수립 이후 처음이라고 합니다. 김 장군의 탁월한 능력이 더욱 돋보이는 사례입니다. 김 장군은 청와대에서 근무하며 정무적 감각까지 익힌 안보분야 전문가입니다.

또한 김희철 장군은 군인공제회 관리부문 부이사장 겸 자산관리(CFO)이사로 3년 동안 근무하며 구조조정과 비용절감 정책을 강력하게 추진했습니다. 그 결과 만년 적자로 허덕이던 군인공제회의 재정은 흑자로 전환되었고, 자산 규모도 8.6조 원에서 10조 원으로 크게 성장했습니다. 김 장군이 뛰어난 리더십을 바탕으로 경제전문가로 변모하는 과정이었습니다.

앞으로 이 책이 정치인은 물론 정부의 안보 및 경제 당국자들과 처인구를 포함한 대한민국 국민들이 확고한 국가 안보관과 탄탄한 경제관을 갖고, 계속되는 북한 및 주변국의 위협 속에서 올바르게 대처할 수 있는 길잡이가 될 것으로 기대합니다.

초대 보훈부 장관 박민식 (제18·19대 국회의원)

2023년은 한미상호방위조약을 체결하며 한미동맹을 결성한 70주년 되는 뜻깊은 해입니다.

6·25남침전쟁 당시 미국은 대한민국의 자유를 지키기 위해 가장 많은 병력인 178만 9천여 명을 파병하였고, 3만 5940명이 전사하고 8000여 명이 실종 또는 포로가 됐습니다. 이 중 아이젠하워 대통령을 비롯한 밴플리트 등 장군의 아들 142명이 참전해 35명이 사망, 실종, 부상을 당했습니다.

국군도 13만 7899명이 전쟁으로 목숨을 잃었습니다. 아들이 전쟁에서 전사하는 것을 가문의 명예로 생각하는 아버지, 꽃피는 청춘에 낯선 나라에서 죽어간 아들, 군인의 명예와 책임을 목숨보다 더 귀하게 여긴 이들이 있었기에 오늘날 한국도, 미국도 존재합니다.

또한 전쟁의 포성이 멎은 1953년 한국과 미국은 한미 상호방위조약을 체결했고, 한미동맹은 든든한 안보의 버팀목으로 대한민국을 전쟁의 잿더미에서 일으켜 세우는 데 기여했습니다.

이렇게 희생된 분들과 그 가족들에게 보훈하는 것은 남겨진 자들의 책무입니다. 국가유공자와 보훈가족의 희생과 헌신에 최고의 예우로 보답해드리는 '보훈'은 지역과 세대를 초월하여 국민의 마음을 하나로 모으는 통합의 힘이며 국가발전의 원동력입니다.

저의 아버지는 맹호부대의 첩보부대장으로 베트남 전쟁에 참전하여 전사하신 전몰군경이고, 저 또한 제복을 사랑하는 보훈가족입니다. 그렇기에 저는 국가를 위한 숭고한 희생의 가치와 유족들의 아픔, 그리고 그분들에게 정성으로 보답하는 '보훈'의 중요성을 그 누구보다 깊이 이해하고 있습니다.

국가보훈부는 참전용사들이 피와 땀으로 지켜낸 자유민주주의, 그리고 한미동맹의 역사와 가치를 우리 국민과 미래 세대에게 알리고, 이를 통해 대한민국의 정체성을 바로 세울 수 있도록 노력하고 있습니다.

이번 한미동맹 70주년에 때맞춰 김희철 장군이 출간하는 〈제복은 영원한 애국이다〉는 문재인 정권 5년 동안의 잘잘못을 짚어보고 감춰졌던 진실을 알 수 있는 소중한 기록입니다.

그동안에 수차례의 남북 및 한·미·북 정상회담을 통한 허울 좋은 화해협력 정책으로 우리는 9·19남북군사합의 이행과 양보 그리고 퍼주기만을 계속했는데, 반면에 북한은 이를 역이용하여 핵과 미사일 개발을 완성 단계까지 발전시킨 상태가 되었습니다. 현재 북한은 개발한 핵과 미사일로 우리를 위협하고 있습니다. 진정한 평화보다는 비겁한 평화가 더 낫다는 비굴한 평화론자들이 그동안 판을 친 결과입니다.

하지만 김 장군의 책 〈제복은 영원한 애국이다〉에서 확인할 수 있는 것 같이 대한민국은 실로 위대한 나라입니다. 독립·호국·민주의 역사를 돌이켜보면 언제나 우리와 같은 평범한 사람들이 숭고한 용기와 양심으로, 앞장서서 행동하는 진실함으로, 역사의 흐름을 바꾸었습니다.

국가유공자분들은 '애국'이라는 준엄한 가치를 행동으로 실천함으로써 국권 상실과 전쟁, 독재의 암흑을 뛰어넘어 민주와 평화라는 인류의 보편적 가치를 기어이 실현했습니다.

독립·호국·민주는 나눠질 수 있는 이념이 아니며, 보훈은 정쟁의 대상이 될 수도 없습니다. 보훈은 우리가 후손으로서 마땅히 추구해야 할 가치이며, 더 좋은 세상으로 나아가기 위한 당연한 방향입니다.

앞으로 국가를 위해 희생하신 제복의 호국영웅들과 헌신하신 분들에게 예우를 다하며 존중하고, 그 숭고한 정신을 기억하는 일류 보훈문화를 조성하여 미래세대로 전하는 일들이 국민통합을 이끌고 회복과 도약의 새 시대를 만드는 주춧돌이 되리라 확신하며, 감히 〈제복은 영원한 애국이다〉 일독을 강력하게 추천하는 바입니다.

추천사

한국자유총연맹 부총재 김성옥 박사 (전 한국여성유권자연맹 중앙회장)

김희철 장군의 책 〈제복은 영원한 애국이다〉에서 우리는 진실(Fact)을 확인할 수 있습니다. 그는 우리와 같은 평범한 사람들이 숭고한 용기와 양심으로 앞장서서 행동하는 진실함으로 역사의 흐름을 바꾸었다고 하였습니다.

이 책에서는 북핵 위협과 주변국 패권경쟁 속에서의 대응 전략, 우리의 비대칭 전략인 대북심리전 재개, 한미동맹과 연합훈련 강화, 독립·호국·민주의 역사 속에서 국가안보와 호국정신들을 돌이켜 보고 있습니다.

대한민국은 실로 위대한 나라입니다. 한국자유총연맹(Korea Freedom Federation)은 대한민국의 자유민주주의를 항구적으로 옹호·발전시키고 자유민주적 기본질서에 입각한 평화통일을 추구하며, 이와 관련된 민간단체들에 대한 협조와 세계 각국과의 유대를 다지는 것을 목적으로 하는 국민운동단체로서 빛나는 역사와 전통을 가지고 있습니다.

우리는 음지에서 묵묵히 고생하는 군경·소방·공무원 등 제복 (Uniform)의 헌신을 소중하게 여기며, 자유민주주의 수호와 국가안보를 위해 온 국민이 일치단결하여 북한의 도발과 주변국의 위협에 철저히 대비해야 합니다.

앞으로 이 책이 정치인은 물론 정부의 안보 및 경제 당국자들은 모든 국민이 확고한 국가 안보관과 탄탄한 경제관을 갖고, 계속되는 북한 및 주변국의 위협 속에서 올바르게 대처할 수 있는 공감대가 형성되어 미래세대와 함께 국민통합을 이끌고 풍요롭고 행복한 새 시대를 만드는 안내서가 될 것으로 기대합니다.

서 언

〈제복은 영원한 애국이다〉 책을 펴내며

우크라이나 젤렌스키 대통령은 3일이면 끝낸다고 호언한 러시아의 침공을 1년 넘게 막아내며 푸틴을 괴롭히고 있다.

이는 결정적으로 부총리 겸 디지털 트랜스포메이션부 장관인 젊은 페도로프가 주도하여 4차 산업시대에 걸맞은 '스마트폰 속의 국가', 부패없이 투명한 '디지털 정부'를 만들었기 때문이다.

국가 공식 앱(App)인 'Diia'을 사용하여 종이 없는 정부업무를 시작했는데 신분증, 여권, 학생증, 운전면허증, 출생신고서 등 총 21개의 서비스를 활성화시켰다. 또한 러시아군의 포격으로 발전소와 통신탑이 파괴되어도 스타링크 시스템인 '스페이스X'는 3604개의 저궤도 위성을 이용하여 우크라이나 전지역에 초고속 인터넷 서비스를 제공하며 정부-군-국민을 하나로 연결시켜 전쟁수행과 정부기능 유지에 크게 기여하였다.

'Delta'라는 전투관리 시스템과 'Nettle'이라는 전투제어 시스템으로 러시아군의 움직임을 실시간 파악이 가능했고 식별한 목표까지 거리가 자동으로 계산되어 실시간 타격함으로써 수백 개의 표적을 완전 파괴시켰다.

해킹을 방지하는 'MilChat'라는 군 전용 보안 메신저 앱은 60만 명의 군인들이 사용한다. 특히 우크라이나 국민들은 원활한 SNS를 통해 러시아군의 미사일 포격으로 숨겨가는 소녀, 파괴된 건물 등 민간인들이 어떻게 살육되고 있는지를 전 세계에 실시간으로 보내고 있다.

젤렌스키 대통령을 중심으로 단결된 우크라이나는 이를 통해 우방 국가의 동정 여론을 이끌어내어 많은 국가로부터 지원을 받으며 잘 싸우고 있다.

이와 비교되는 전쟁사를 동서고금 곳곳에서 찾아볼 수 있다. 중국 역사상 최고 문명의 꽃을 활짝 피웠던 송나라는 금나라 침략을 잘 막아내던 악비 장군을 간신 진회가 역모로 몰아 처형하며 비겁하게 화평을 구걸했으나 결국 개국 116년 만에 멸망했다.

또한 일본 막부시대 오사카성 성주 히데요리는 도쿠가와 이에야스의 거짓 화친을 받아들이며 적을 믿고 천혜의 방어물이던 해자(성을 둘러 싸고 있는 연못)를 메웠으나 바로 성은 함락됐다.

역사를 돌이켜보면 비겁한 평화는 없다. 오직 강한 의지와 철저한 대비만이 나라를 지킬 수 있다. 오늘날 비겁하며 이상주의적인 평화론자들에게 경종을 울리는 일화이며, 이는 뉴스2데이(News2day)에 게재했던 칼럼을 모아 한 권의 책으로 엮은 이유이기도 하다.

안보관이 흐트러지는 현실이 안타까워 40년간의 공직에서 깨달은 팩트를 녹여내

　필자는 처인구 남사면 인접 송탄에서 태어나 줄곧 서울 유학생활을 했다. 1977년 육군사관학교 37기로 입교하여 푸른 제복을 입기 시작한 뒤, 위관장교 시절 전체를 중동부 전선 GOP부대에서 최장기간 근무하고 소령이 되어 수도방위사령부에서 작전장교로 재직했다.

　당시의 계획인사 방침으로 다시 전방부대로 가게 되었고 서부전선 GOP부대에서 4년 넘게 근무하다가 중령으로 진급하여 처음으로 한강 이남인 충북 청주에서 대대장과 사단 정보 및 작전참모 임무를 수행했다.

　또다시 서울로 이동하여 합동참모본부 대북심리작전 총괄과 국방부장관실 정책총괄업무를 담당하다가 대령이 되었다. 이후 동원사단 1차 연대장, 1군 감찰부 검열과장, 8사단 16연대장과 군단 작전참모를 마치고 3군사령부(용인시 처인구)에서 감찰참모로 근무하면서 장군으로 진급했다.

　필자는 장군이 되었지만 8군단·육군훈련소 참모장 및 육군대학 교수부장으로 재직했다. 별을 달면 100가지 이상이 달라진다는 장군의 혜택을 누릴 기회가 별로 없었다. 게다가 육군본부 정책실장으로 보직을 받자 더욱 업무에 매달리게 되었는데 덕분에 소장으로 진급할 수 있었다.

그러던 중에 뜻하지 않게 이명박 대통령의 청와대 위기관리비서관으로 선발되었다. 당시에는 위관·영관 장교 시절보다도 더 폭주하는 업무 속에서 청와대 벙커에 기거하며 주야를 가리지 않고 박근혜 정권까지 유임되어 근무했다.

그때 정권 교체기가 가장 심각한 국가위기 시기이기 때문에 위기관리비서관은 정권이 교체돼도 유임되는 새로운 전통을 남겼다. 결국 계급정년에 따라 육군소장으로 전역하면서 위기관리비서관을 끝으로 37년간의 군생활을 마무리하였다.

전역한 후에는 군인공제회 관리부문 부이사장 겸 자산관리(CFO)이사로 보직을 받아 3년 동안 구조조정과 비용절감 정책을 강력히 시행하여 만년 적자를 연속 흑자로 전환시키며, 당시 자산 8.6조 원의 회사를 10조 원 규모로 성장시키고 퇴직했다.

돌이켜보면 인생의 대부분이랄 수 있는 40년간을 공직에서 국가와 군을 위해 일중독자(Workaholic)처럼 헌신했다고 자부한다.

'정직·성실·최선'을 인생의 신념으로 삼아 후회없이 달려오다 보니 세월이 눈 깜짝할 사이에 지나갔다. 아찔했던 순간들을 경험하면서 쌓은 노하우를 그냥 덮고 지나가기에는 아쉬움이 컸다.

특히 문재인 정권 5년을 돌아보면서 잘잘못을 짚어보고 감춰졌던 진실을 알려야 한다는 사명감을 크게 느꼈다. 그동안 남북 및 한미북 정상회담을 통한 화해 협력 속에서 우리는 9.19남북군사합의 이행과 양보 그리고 퍼주기만을 계속했는데, 반면에 북한은 핵과 미사일 개발을 완성단계까지 발전시켰다.

이는 국가안보를 위해 온 국민이 일치단결하여 북한의 도발에 철저히 대비함은 물론 응징하여 그들의 야욕을 무력화시키며 같은 민족의 동반자로 만들어야 함에도 불구하고, 송나라의 간신 진회처럼 진정한 평화보다는 비겁한 평화가 더 낫다는 비굴한 평화론자들이 판을 친 착각의 결과이기도 하다.

호국충절의 고장인 처인구에 17년째 살고있는 그림그리는 안보전문가

용인에는 처인성지가 있다. 1232년(고종 19) 몽골의 제2차 침입 때 난을 피하여 처인성에 와 있던 백현원의 승려 김윤후가 '처인성 전투'에서 활을 쏘아 몽골 사령관 살리타이를 사살했다.

지휘관을 잃은 몽골군은 전의를 상실하여 더 이상 남하하지 못하고 서둘러 철수하였고, 우리 강토는 전화(戰禍)에서 벗어나게 되었다. '처인성 전투'의 승리는 승려 김윤후가 이끌고 주민 일체가 단결하여 몽골군을 삽시간에 무너뜨려 물러나게 한 대첩이다.

처인구는 이뿐만 아니라 6·25남침전쟁 당시에도 '김량장 전투'에서 몰려오던 중공군을 오히려 공격하여 백병전으로 전멸시킨 자랑스런 호국충절의 고장이다.

필자는 군생활 중 처인구에 위치했던 제3야전군사령부에서 감찰참모로 근무할 때 호국충절의 고장의 기를 받아 장군으로 진급했다. 또한 경안천과 구봉산, 은이산, 석성산 등의 자연풍광 및 용인 중앙시장 전통 5일장을 비롯한 훈훈한 마을 인심에 반해 처인구 남동에 첫 집을 장만하고 17년이 넘도록 살고있는 처인사람이다.

따라서 처인구는 나의 정겨운 고향이다. 누구에게나 고향은 아름답고 정겨운 법, 나는 어려서부터 좋아했던 그림그리기로 아름다운 고향을 화폭에 담으며 행복한 세상을 꿈꾸고 있다. 그림그리기는 이제 취미를 넘어 또 하나의 특기가 되어가고 있다. 주변에서 나를 '그림그리는 안보전문가'라고 부르게 된 배경이다.

마침 처인구 원삼면에 SK하이닉스의 반도체클러스터가 추진되고, 처인구 남사읍에는 삼성 반도체 육성을 위한 국가산업단지 개발된다고 한다. 나의 경험과 능력을 아낌없이 바칠 수 있는 기회라고 생각한다. 주변에서 나를 '그림그리는 안보전문가'라고 하지만 사실 나에게는 '경제전문가'라고 해도 손색이 없는 실질적인 경험이 있다. 육군소장으로 예편한 후 군인공제회에서 10조 원이 넘는 자산을 운용하며 경제전문가로 경험을 쌓았다.

나는 국가안보를 위해 40년 넘게 몸과 마음을 바쳤고, 이제는 경제전문가로서 고향과 국가 산업발전에 기여하고 싶다. 호국충절의 고장인 용인에 우뚝 서는 첨단 산업단지, 용인르네상스! 나의 고향인 용인을 더욱 빛내는 아름다운 외침이다.

그렇지만 더 중요한 것은 국가안보이고 2023년은 한미동맹 70주년이다. 북한과 중국 등이 위협하는 우리나라의 안보는 굳건한 한미동맹으로 지켜낼 수 있다. 안보가 튼튼해야 르네상스도 성공적으로 구현할 수 있다. 이는 중국 최고 수준의 문명국이었던 송나라가 안보에 허술하고 비겁하게 대처하다 패망한 사례로 명확하게 알 수 있다.

〈제복은 영원한 애국이다〉는 필자가 2016년에 발간한 〈비겁한 평화는 없다〉의 후속편이다. 푸른 제복을 입고 국가를 위해 헌신하고 봉사하는 '애국'을 평생 가슴에 담고 살아온 나의 속내를 그간 경험을 바탕으로 피력했다. 그동안에 〈뉴스2데이〉 인터넷신문을 비롯한 여러 매체에 게재한 칼럼을 요즘 시류에 맞춰 정리했다. 설명이 충분치 못해 아쉬운 부분도 있지만 '국가안보'를 주제로 독자들과 토론의 장을 마련했다는 데서 보람을 찾으며 독자 여러분의 따끔한 회초리와 함께 훌륭한 제안도 기대해 본다.

바쁜 일정에도 불구하고 출간을 맡아주신 〈아름원〉 전장하 사장님과 편집을 위해 애써주신 차도경 실장님께 고마운 마음을 전한다. 또한 어려운 여건 속에서도 칼럼을 쓸 수 있는 기회를 준 〈뉴스2데이〉 강남욱 대표와 칼럼을 읽고 비판하며 용기를 북돋워주고 응원과 성원을 보내준 아내와 두 아들과 처인구 주민들을 포함한 많은 분들에게도 이 자리를 빌려 감사의 말씀을 드린다.

2023년 6월 한국안보협업연구소에서
예비역 육군소장 **김 희 철**

목 차

제2장 북핵위협과 대응

목차

제7장 끝나지 않은 동족상잔, 제복은 영원한 애국

제1장

안보상황 점검

'역사로부터 배워야 한다'

국가 안보와 후세들이 살아갈 미래를 걱정하는 지도자들은 물론 온 국민이 가슴에 새겨야 할 말이다. 송양지인(宋襄之仁)이라는 고사성어를 통해 우리가 해야 할 일의 시급성과 방향을 살펴본다.

춘추전국시대인 B.C.638년 송나라와 초나라가 전쟁을 할 때의 일화다.

"적은 우리보다 강하니, 저들이 강을 건너와 진용을 갖추기 전에 먼저 공격을 해야 승기를 잡을 수 있습니다"

"무슨 소리를 그렇게 하오. 적은 먼 길을 달려와 지금 지쳐 있는데 어찌 공격을 하란 말이오. 아직 진영도 갖추지 않은 적을 치려고 북을 울린다면 그건 의로운 싸움이 아니오"

송나라 군주 양공(襄公)은 재상의 충언을 이처럼 거절하고 초나라 군대가 강을 다 건너오기를 기다렸다가 전투를 시작한다. 그는 결국 충분한 휴식을 취하고 대오를 가다듬은 초나라 군대에게 대패하고 그때 입은 상처로 목숨을 잃게 된다. 송양지인(宋襄之仁), 어리석은 사람을 비웃는 대표적인 말이다.

KIMA 국방정책 세미나
오싹한 충격

관점이 다른 논객들의 한반도 안보정세 평가와 전망은 극과 극

다사다난했던 2019년을 보내던 그해 12월 문정인 통일외교안보특보는 국립외교원 외교안보연구소가 개최한 국제회의에서 "만약 북한 비핵화가 이뤄지지 않은 상태에서 주한미군이 철수하면 중국이 한국에 '핵우산'을 제공하고 그 상태로 북한과 협상을 하는 방안은 어떻겠느냐?"고 돌발 질문을 하여 소름을 끼치게 했다.

이날 국방컨벤션에서도 마찬가지였다. 김용우 전 육군총장과 김병관, 박정이, 권혁순 전 군사령관 등 40여 명의 장성을 비롯한 예비역 장교들과 학자 및 안보전문가 등 150여 명이 참석하여 'KIMA(한국군

좌측 1주제 '2019년 북한 비핵화와 한반도 안보정세평가 전망'을 발표하는 패널들과 우측 2주제 '북한/주변국 군사위협 분석/대비'에서 발표하는 이건완 예비역 공군 중장(전 공군작전사령관) 모습 (사진제공-김희철)

사문제연구원) 국방정책 세미나'가 열린 자리에서였다.

세종연구소 홍○○, 북한 핵을 포기 못하는 것은 트럼프의 책임, 북 입장 옹호하며 한미 방위비분담금 협상 위해 주한미군 중 1만 명 철수시키는 방안 제시

이 세미나에서 주제발표를 한 세종연구소 홍○○ 박사도 "제재 완화를 하면 북한은 핵을 포기할 것이냐?"라는 플로어의 질문에 아찔한 답변을 서슴없이 했다.

제복은 영원한 애국이다

그는 "미국 시민들과 여론은 보수적이라 트럼프의 대북 정책을 동의하지 않을 것이고, 김정은은 미국을 불신하며 쉽게 핵을 포기하지 않고 장기전으로 미국의 다음 정권에서도 유리한 협상을 하려 시도할 것이다"라고 답을 했다.

이 발언은 질문에 대한 본질적인 답이라기보다는 북한이 핵을 포기 못하는 것이 오로지 싱가포르 정상회담을 무산시키는 등의 약속을 지키지 않은 미국 트럼프의 책임이라고 발언하여 북한의 입장을 옹호한 것으로 인식됐다.

또한 "현재 트럼프는 주한미군은 미국 안보에 도움이 안 된다고 생각을 하며 방위비를 올리지 않으면 철수할 수밖에 없다고 했지만, 미국은 중국 억제를 위해서도 주한미군 철수가 불가능하다"고 단정 지었다.

따라서 "지금 문재인 정부의 외교적 실패 원인은 미국 우선주의 정책을 추진하는 트럼프와 정권 유지를 위해 무역제재를 하여 지소미아(GSOMIA, 한일정보보호협정, General Security of Military Information Agreement) 종료와 연장을 번복하게 만든 아베 때문이냐"라고노 발했다.

그 와중에도 현 정부는 평화적인 대화로 해결하기 위해 미국 트럼프와 북한 김정은 사이에서 최선의 노력을 하고 있다며 "만약 미국이 요구하는 방위비분담금 5배 증액이 걸림돌이 되면 2만 8천 명의 주한미군 중 1만 명을 철수시켜 분담금을 줄이는 방안을 제시한다"고 강조했다.

더불어 "2019년 6월 시진핑 주석이 평양을 국빈 방문하고 최근 중국과 러시아 군용기가 울릉도, 독도, 제주도 지역의 카디즈(KADIZ, 한국방공식별구역, Korea Air Defense Identification Zone)를 수차례 무단 진입하여 경고사격까지 하게 된 상황을 볼 때 중러의 압박은 앞으로 더욱 늘어날 전망이다"라며 중러 압박 회피와 일본 무역제재 해제를 협상하기 위해서도 현재는 조건부 연장됐지만 한일간의 '지소미아 종료'는 필요하다고 말했다.

그리고 문 대통령이 6월 30일 청와대 한미 정상회담 뒤 공동기자회견에서 "한국의 신남방정책과 미국의 인도·태평양정책 간 조화로운 협력을 추진하기로 했다"고 밝힌 것과 같이 조화로운 협력을 위해 북한을 방문한 시진핑이 빨리 한국도 방문하도록 노력해야 한다고도 주장했다.

북한, 위기 조성 위해 추가 핵실험 및 장거리 미사일 발사 실험 시도 추정

이 시점에서 북한은 미국 트럼프 대통령이 탄핵 과정으로 국내 정치에서 수세에 몰리고 대선 승리를 위해 북한과의 협상이 필요하다는 점을 알고 있다. 이를 기반으로 김정은이 제시한 최후통첩 시한인 연

28

말이 다가오고 있지만 한미공중훈련 연기보다 몸값을 올려 비핵화 협상 전에 미국의 양보를 확보하겠다는 적극적인 압박전략을 구사할 것이다.

이는 미국에 비해 500대 1의 군사력 수준을 가진 북한이 오히려 '갑'행세를 하고 있는 상태이며, 트럼프가 지난 3일 런던에서 대북 무력사용을 시사한 현 상황에서 "이번 달 안에 북미 협상이 진전 없으면 북한은 위기를 조성시키기 위해 추가 핵실험 및 장거리 미사일 발사 실험을 시도할 것이다"라고 추정했다.

포퓰리즘에 빠진 자유민주주의의 위기 지적, 미국의 '인도·태평양정책' 고려 시 한일 지소미아 종료는 잘못이며 주변국에 전략적 우위 확보와 작전적 단호한 대응과 확전방지 동시 추구

한국군사문제연구원 김열수 박사(육사 33기)는 "포퓰리즘에 빠진 자유민주주의의 위기가 심화되고 민족주의 부상과 자유주의 질서의 쇠퇴와 패권 경쟁이 가속화되어 주변국들의 전략적 고민이 심화되고 있다며 대비책이 필요하다"고 주장했다.

한동대 박원곤 박사는 "금년은 외교적으로 중요한 해이기 때문에 미국이 중국에 '인도·태평양정책'으로 전면전을 선포한 상태에서 지소미아 종료는 매우 잘못된 것이며 주제발표자와 정반대 의견이다"라고 제시했다. 이어 "북미 실무 및 정상회담은 회의적이고 북한은 미국 대선을 고려하여 장기전을 할 것이다"라고 예상했다.

그는 이를 대비하는 원칙으로 "첫째, 세계질서 변화를 면밀히 추적하고 판을 읽어야 한다. 둘째, 한국은 포괄적 차원의 대전략이 필요하다. 셋째, 불확실성 시대에서는 되도록 많은 선택지를 확보해야 한다"고 주장했다.

'북한·주변국 군사위협 분석·대비' 주제에서는 예비역 해·공군 장성들이 "일본, 중국, 러시아의 영공 및 해상위협 사례와 북한 미사일 개발 현황 등을 분석하여 주변국 대비 전략적인 우위 확보와 작전적 측면에서 단호한 대응과 확전방지를 동시에 추구해야 한다"는 대안을 발표했다.

또한 동맹 관리 측면에서는 미국의 군사전략 변화에 능동적 대응이 필요하다고 이구동성으로 우려했다.

사회를 맡은 KIMA(한국군사문제연구원) 석좌연구위원 허남성 박사(육사 26기)는 "1945년 이래 미국의 극동지역 전략구도는 '한국은 일본의 방파제, 일본은 한국의 후방기지'라는 역할이 근본적인 것이다"라고 말했다

방위비 협상에서도 매티스 전 미국 국방장관이 "한국은 미국을 지키는 최전선 국가이며 주한미군도 미국 방위를 위한 것이다"라고 한 말을 참고해야 한다고 강조했다.

종합토론 시 주제발표자의 발언과 상이한 이견 때문에 플로어에서

제복은 영원한 애국이다

웅성거리자 사회자 허 박사는 "휴전선은 군사적 경계선일 뿐만 아니라 문명과 야만의 경계선이다"라고 운을 띄우며 "왜냐하면 경제 번영과 삶의 질을 고려할 때 북한 주민들의 고초를 비교할 수 없다"고 통탄했다.

"문명을 보호하기 위해 우리가 할 일은 '스스로 지키지 않는 자를 누가 지켜주겠는가?'라고 말한 마키아벨리의 명언을 기억하고 실천해야 한다"며 결언을 맺었다.

이번 2019 KIMA(한국군사문제연구원) 국방정책 세미나는 현 정치인과 고위관료들을 배제시킨 가운데 형식적이고 과시형 행사를 지양하고, 보수와 진보를 떠나 실제 연구하고 관여한 학자 및 전문가들만으로 발표 및 토론을 진행했다.

이에 따라 패널들도 극과 극을 달리는 정반대 의견을 제시하고 토의하였으나, 예상 밖으로 한미동맹을 위험하게 만드는 발언도 서슴지 않은 세미나를 보면서 우리나라가 민주화는 됐으나, 한편 이러한 주요 인사들의 국가안보에 위험한 돌출 발언을 들을 때 오싹한 충격으로 소름이 끼쳤다.

종전선언과 한미동맹

정부, 여당의 핵심 인사들이 '남북관계의 가장 큰 장애물은
족보 없는 유엔사' 등 노골적으로 북한을 옹호하는 것이 문제

우리는 에티오피아와 에리트레아가 종전선언을 했음에도 불구하고 티그라이 및 오로모 지역 반군세력과 정부군의 무력 충돌 등 분쟁이 계속되고 있는 현실을 잘 알고 있다.

하지만 문재인 대통령이 2021년 9월 유엔총회 연설에서 종전선언을 제안한 뒤 정부는 집요하게 종전선언을 밀어붙이고 있다.

이에 따라 우려했던 것처럼 종전선언에 대한 한미 간 논의가 시작되자 북한은 호기를 만난 듯 연일 유엔군사령부(유엔사) 해체라는 해

제복은 영원한 애국이다

비무장지대(DMZ)에서 주한유엔군사령부의 정전협정 준수여부를 감시하기 위한 GP에 게양된 유엔기와 태극기 모습 (사진-국방부)

묵은 주장을 반복하고 있다.

김성 유엔 주재 북한 대사는 지난달 유엔총회 제4위원회에서 "미국이 한국전쟁 당시 평화 유지를 구실로 유엔의 이름을 악용해 유엔사를 불법으로 설립했고, 유엔사를 유지해 한국에 대한 미군 점령을 정당화하고 있다"고 주장했다.

반면에 9월 23일 관련 당국 등에 따르면 한미간 종전선언 문안 작성 협의가 굉장히 많이 조율되어 '군사적 긴장 해소 및 한반도 평화를 위해 종전을 선언한다'는 내용이 적시될 것이라고 전해졌다.

향후 비핵화와 한반도 평화 프로세스 진전을 위한 발판으로 종전에 나선다는 목적이 기록된다는 설명이다. 더불어 미국의 한 언론매체는 유엔군사령부 해체 등 종전선언이 현 정전협정 체제에 영향을 끼치지 않는다는 내용을 담는 방향으로 조율 중이라고도 보도했다.

그러나 문제는 정부, 여당의 핵심 인사들이 '남북관계의 가장 큰 장애물은 유엔사' 또는 '족보 없는 유엔사' 등으로 노골적으로 북한을 옹호하는 것이다. 유엔사의 법적 근거를 부정하는 것은 안보 자해 행위다.

유엔사는 우리나라 안보를 담보한 대북 억제력의 근간이다. 6·25 남침전쟁 발발 직후 유엔 안보리 결의를 통해 설치된 조직으로, 군사정전위원회 및 중립국감독위원회 운영, 비무장지대(DMZ) 내 경계초소 운영, 북한과의 장성급 회담 등 정전체제를 유지, 관리하고 있다.

유엔사는 한미 연합군과 일본 자마·요코스카·후텐마 등 주일 미군의 핵심 시설 7곳의 유엔사 후방 기지를 이어주는 법적, 제도적 기반이다. 이들 유엔사 후방 기지들은 일본 정부의 사전 양해 없이 사용할 수 있는 지원 시설로, 한반도 유사시 유용한 군사 자산들이다.

전쟁이 끝난 것처럼 축하하는 척하는 것이 한미동맹에는 아무런 도움이 되지 못한다

문재인 정부가 임기 말 레임덕 속에서도 의욕적으로 추진 중인 이

제복은 영원한 애국이다

른바 '종전선언'에 대해 미국 싱크탱크 소속 전문가가 냉소적 반응을 내놓았다. 로이드 오스틴 미 국방장관이 지난 30일 방한해 우리 정부와 종전선언 등을 놓고 담판을 벌이고 있는 가운데 관련 협상에 먹구름이 드리워졌다는 분석이다.

미 기업연구소(AEI) 니컬러스 에버스타트 선임연구원은 당시 미 일간지 월스트리트저널(WSJ)에 '한국이 평화 없는 평화선언을 원한다'라는 제목의 기고문을 실었다.

"공허한 말이 한반도의 평화를 앞당기기 못한다. 한반도의 전쟁 위협은 늘 그래왔듯이 북한이 만들고 있으며, 북한은 지금도 한국을 지도상에서 지워버리는 데 전념하고 있다"라고 말하며 종전선언을 '평화가 빠진' 평화 선언으로 단정했다.

에버스타트 선임연구원은 "문재인 대통령이 임기가 끝나가는 시점에 일방적 종전선언을 밀어붙이면서 미국을 끌어들이려 하고 있다"는 말로 포문을 열었다. 이어 "서울발 기사들은 바이든의 (외교안보)팀이 이 '연극'에 장단을 맞추는 것처럼 보도하고 있고, 한국의 햇볕정책 지지자들은 한미 양국이 종전선언의 '마지막 단계'에 와 있다고 주장하고 있다"고 덧붙였다. 미국이 종진신인에 호의적이고 소만간 선언이 이뤄질 것처럼 전하는 한국 일부 언론매체 보도를 '가짜뉴스'로 규정한 셈이다.

그는 "종전선언이 문 대통령은 물론 내년 3월 대선을 앞두고 여당 이재명 후보의 지지율 하락에 고전하는 여당이 노리는 목적에 부합할

2007년 평양을 방문한 노무현 대통령과 북한의 김정일 모습 (사진-연합뉴스)

것"이라면서도 "전쟁이 끝난 것처럼 축하하는 척하는 것이 한미동맹에는 아무런 도움이 되지 못한다"고 강조했다. 그러면서 이명박 정부시절의 천안함 폭침과 연평도 포격, 현 정부 초까지도 이어진 핵실험과 미사일 발사 등 북한의 온갖 도발행위를 거론했다. 2007년 평양을 방문한 노무현 당시 대통령이 북한 김정일과의 정상회담에서 군사적 적대 관계를 끝내고 한반도의 평화를 약속하는 공동성명을 발표했으나 이후 하나도 지켜지지 않았음을 지적한 것이다.

에티오피아의 아비 아머드 알리 신임 총리는 2007년 북한을 방문한 노무현 대통령에게 배운 것을 그대로 활용했다. 그는 2018년 에리트레아를 전격적으로 방문하여 정상회담을 하는 등 대화 프로세스가

제복은 영원한 애국이다

성공적으로 진행되어 양국은 '평화우호공동선언'을 골자로 한 종전선언인 평화협정 체결에 성공했다.

그러나 아직도 분쟁이 계속되고 있는 것은 김대중과 노무현 대통령이 북한을 방문하여 공동성명을 발표했지만 북한이 계속 도발을 하는 것과 마찬가지이다.

정치적 업적주의에 의한 '종전선언'은 미래의 국제정치적, 남북의 군사적 변수로 엄청난 후폭풍 예상

2020년 11월 12일 문재인 대통령은 바이든 미 대통령 당선인과의 첫 통화에서 '한반도 평화프로세스'에 대한 바이든 정부의 역할에 대한 기대감을 나타냈다.

하지만 바이든 미 대통령의 공개 발언을 단서로 향후 대북정책 방향성의 변화를 가늠해 볼 수 있다. 그는 그동안 연설과 기사회견을 통하여 '전통적 동맹관계 복원과 다자주의 외교 노선'을 강조했다.

그런데 문 대통령이 임기가 6개월노 안 남은 시점인 9월 21일 유엔총회에서 5번씩이나 '종전선언'을 촉구한 것은 국가 운명의 변곡점이될 수도 있다는 점에서 예의주시할 수밖에 없다.

이와 관련해 종전선언의 주도권을 쥐고 있는 미국은 10월 26일 제이크 설리번 백악관 안보보좌관이 "종전선언을 얼마나 진지하게 고려

2020년 11월 12일 문재인 대통령이 바이든 미 대통령 당선인과 첫 통화하는 모습. (사진-연합뉴스)

하고 있는냐?"는 질문에 "한국과 이견이 있다"고 밝혔다.

이어서 "종전선언과 관련해서는 정확한 순서(sequence), 시기(timing), 조건(conditions)에 대해 한국과 이견이 있을 수 있다"고 언급했다. 문재인 대통령은 종전선언이 '북한 비핵화협상으로 들어가는 입구'라고 주장하지만 오히려 '유엔사와 한미연합사가 해체되고, 주한미군이 철수당하는 안보 붕괴의 현상'으로 나타날 수 있기 때문이다.

볼턴 회고록에 의하면 "북한이 종전선언에 관심이 없다"는 주장과 함께 "처음에는 종전선언이 북한의 아이디어인 줄 알았다…. 북한은 문 대통령이 바라는 것으로 보고 있으며 자신들은 신경 쓰지 않는다고 했다"는 기록도 남겼다.

제복은 영원한 애국이다

문 정부는 이러한 북한의 기본 입장을 모르지 않을 텐데 왜 저리도 '종전선언'에 외교력을 쏟아붓는지 이해가 안 된다. 아무튼 문재인 정부가 추진하는 '종전선언'은 국제정치적, 남북의 군사적 변수가 되어 엄청난 후폭풍이 불 것이라는 점을 간과한 정치적 업적주의로 보여질 뿐이다.

종전선언 전에 '4.27 판문점선언'과 '9.19 평양공동선언'의 실천과제인 '군축협상'부터

문 대통령이 김정은을 상대로 "무조건 '종전선언'을 하면 한반도에 평화프로세스가 조기에 정착될 것이다"라고 말하는 것은 그야말로 연목구어(緣木求魚)다. 왜냐하면 에티오피아가 종전선언인 평화협정 체결에 성공했지만 지금도 분쟁이 계속되듯이 우리도 마찬가지일 것이기 때문이다.

특히 많은 안보전문가와 예비역 군인들은 "종전선언을 하면 국가 안보상 최악의 시나리오가 우려된다"며, "우선 정전협정이 폐기되면 통상 평화협정으로 대체되어야 하고, 전쟁이 끝난 한반도에서 임무가 종료된 유엔군사령부(UNC)가 해체될 것"이라고 언급하고 있다.

그리고 주한미군사령부(USFK)의 한반도 주둔 명분이 약화된다. 이를 계기로 한미연합사(CFC ROK/US)가 해체 수순을 밟으면서 전작권

김정은 북한 국무위원장은 종전선언의 전제조건으로 미국의 대북 적대시 정책 철회를 요구하고 있다. (사진-국방부)

이 졸속으로 전환될 것이란 얘기도 나온다.

이 모든 것이 도미노 현상으로 순식간에 들이닥쳐서 '한미연합 작계 5015'가 무용지물이 되는 최악의 안보공백이 발생한다. 과연 문 정부는 이런 워게임을 검증이나 하고 추진하는지 묻지 않을 수 없다.

이런 때를 노려오던 '반미·주한미군 철수단체'에서는 연일 '미군 철수'를 주장할 것이고, 이를 빌미로 미군부대 앞에서 철수를 요구하는 촛불집회를 한다면 미국 내 정계와 여론은 철수로 들끓게 될 것이다.

주한미군의 철수는 곧 한미동맹의 파기를 의미하고, 안보를 지탱해 온 한미연합작전체제가 와해되며, 남북한 군사력 균형이 붕괴되면서 이제 대한민국은 북한의 핵무기와 전쟁 도발 위협에 시달리는 망국의 길로 들어가는 것이다.

북한의 무력 침략 전쟁을 피하기 위해서는 "정의로운 전쟁보다 비겁한 평화가 낫다"는 문 대통령의 국정철학대로 국민의 생명과 재산을 보호하기 위해 자유와 민주주의를 포기하고, DJ정권부터 추구해온 '남북연합'이라는 낮은 단계의 통일로 북한과 평화적인 국가연합체를 유지하자고 할 것이다.

북한에 순종하는 것이나 다름없는 '남북연합' 상태로 가는 것이 '한반도 평화프로세스'의 숨긴 의미는 아닌지 묻고 싶다. 평화를 지킬 힘이 없으면 '종전선언'을 함부로 하는 것이 아니기 때문이다.

이와 관련, 한국문화안보연구원 이사인 장순휘 박사(육사 38기)는 한 언론사의 칼럼에 "종전선언은 판문점선언대로 군축부터 우선 협상하라"라며 다음과 같이 주장했다.

그는 "남북 간 '종전선언'을 구체적으로 명기한 것은 2018년 '4.27 판문점선언'에서 ① 불가침 합의 준수와 ② 단계적 군축 실현과 ③ '종전선언'하고 '정전협정'을 '평화협정'으로 전환 및 ④ 완전한 한반도 비핵화 실현이라는 공동의 목표를 역사적 과제라고 선언하면서 등장하였으나 아무런 진척이 없었다는 점에서 매우 위험한 집착이다"라고 강조했다.

또한 '9.19 평양공동선언' 제5조 제③항에서 한반도의 완전한 '비핵화'를 재차 약속했음에도 불구하고 "상응한 이행이나 '비핵화'를 외면한 채, 노동당 창설 제75주년 군사퍼레이드에서 소형 핵탄두 장착이 가능한 신형 ICBM, 신형 SLBM 북극성-4A, 장거리 다연장포, 신형 지대공미사일, 스트라이커 장갑차 등 신형무기를 대거 선보였다는 것은 대남·대미 군사적 협박을 노골화한 것"이라며 종전선언 후의 미래를 분석했다.

장순휘 박사는 결론적으로 "종전선언은 '4.27 판문점선언'과 '9.19 평양공동선언'의 실천과제를 남북협상으로 다 해결하고 해도 절대로 늦지 않다"라고 언급했다.

또한 "그 실천과제는 바로 불가침 재확인과 군축 합의의 약속부터 이행하는 것이 진정한 평화협정의 선결과제이다. 그중에 하나를 택하라면 재래식 병력무기를 감축할 '군축협상'부터 진지하게 진행하는 것"이라고 강력히 토로했다.

북한의 목표는 종전선언 통해 안보 붕괴의 도미노 현상 유발시켜 한반도를 적화시키는 것

미 기업연구소(AEI) 에버스타트 연구원은 "종전선언을 하게 되면 북한의 비핵화라는 국제적 목표는 사실상 폐기될 것"이라고 종전선언 이후의 미래를 우려했다.

"종전선언문에 서명을 끝내자마자 유엔군사령부는 해체될 운명이고, 한미동맹은 미국에서 더 많은 검증의 도마에 오르게 될 처지"라고

한미안보협의회(SCM) 참석을 위해 한국을 방문한 미국 오스틴 국방장관이 브리핑하는 모습 (사진-연합뉴스)

도 했다. 에티오피아의 사례와는 달리 우리나라는 종전선언과 동시에 한미동맹도 끝이 나기 때문이다.

그는 종전선언이 북한은 물론 중국과 러시아에도 잘못된 신호를 줄 것이라고 예견했다. 일본을 비롯한 미국의 다른 동맹국들한테 부정직 영향을 미칠 것이라고도 했다. 한마디로 종전선언은 절대 해선 안 된다는 주장이다.

에버스타트 선임연구원은 미국의 여러 싱크탱크 소속 학자들 중에서도 대표적인 대북 강경파로 김대중 정부가 시행한 햇볕정책에 매우 비판적이며 국제사회의 대북제재 유지 필요성을 강조해왔다. 문재인 정부 들어 한국이 북·미 대화의 '중재자'를 자처하고 나섰을 때에도 각종 언론 인터뷰를 통해 비판적 목소리를 낸 바 있다.

따라서 장순휘 박사와 에버스타트 연구원이 예상하는 종전선언 이후의 위험한 미래처럼 안보 붕괴의 도미노 현상을 유발시켜 국가안보 최악의 위기를 맞을 것이 염려된다.

문재인 정부가 추진하는 종전선언은 정전협정을 휴지조각으로 만들고, 북한 및 이에 동조하는 좌익세력들이 유엔사 해체 및 주한미군 철수 공세를 펼칠 것이 명약관화(明若觀火)하기 때문이다.

우리는 "종전선언과 미군철수 등을 통해 한국을 안보위기에 빠트리고 궁극적으로 한반도를 적화시키는 것"이 김일성, 김정일, 김정은 3대에 걸친 북한의 가장 중요한 전략적 목표라는 것을 결코 잊어서는 안 된다.

에티오피아와 에리트레아의
섣부른 종전선언의 교훈

이탈리아로부터 해방된 에티오피아와 에리트레아의 분쟁 시작

제2차 세계대전 중인 1944년 영국과 에티오피아의 협정 체결로 이탈리아로부터 완전 해방된 에티오피아는 에리트레아를 자국 연방영토로 편입하고 급기야 1962년에는 1개 주로 강제 합병하였으나, 이에 대한 에리트레아의 분리 항쟁이 지속되었다.

결국 셀라시에 황제 시절 에티오피아에 무력으로 합병되었던 에리트레아가 끈질긴 분쟁을 통해 1993년에 분리, 독립하였다. 하지만 에리트레아는 분리, 독립 과정에서 바드메 마을을 에리트레아에 귀속시키고자 하였으나 에티오피아는 이에 반발하여 갈등의 씨앗이 되었다.

이후 1997년 양국 간 관계가 악화되었던 해당 지역의 문제가 다시 불거지면서 전쟁 수준으로 갈등이 확대되었다. 게다가 2000년에 두 국가는 평화협정을 잠시 체결하였지만 바드메 마을의 에리트레아 귀속 문제를 둘러싼 의견 대립은 해소되지 않아 양국의 외교관계는 수년간 단절되어 있었다.

2018년은 에티오피아의 아비 아머드 알리 신임 총리가 에리트레아를 방문하여 정상회담을 하는 등 대화 프로세스가 성공적으로 진행된 해이다. 이에 따라 양 국가는 '평화우호공동선언'을 골자로 한 종전협정인 평화협정 체결에 성공하였기 때문이다.

2000년의 실패와는 달리 2018년 평화협정이 성공할 수 있었던 결정적 이유는 국내정치적 지지와 국제사회의 적극적인 지원이 뒷받침

에티오피아와 분쟁이 계속되는 주변 국가들 모습 (사진-연합뉴스

제복은 영원한 애국이다

되기도 하였으나, 아비 총리의 의지와 결단력이 부재했더라면 협정 체결 및 후속 조치가 신속히 이뤄지지 못했을 것이라는 분석이 주를 이룬다.

그러나 미완의 종전선언 후에도 양국의 분쟁은 끝나지 않았다.

미완의 종전 선언 후 지속되는 티그라이 전투,
기독교인 박해 등의 분쟁 지속

에티오피아 종전선언을 이끌고 노벨평화상까지 받은 아비 아머드 알리 총리는 2019년 12월 1일부로 인민혁명 민주전선(TPLF)의 31년 역사에 종지부를 찍고 번영당으로 간판을 바꾸었다.

그러나 이듬해인 2020년 11월에 다민족 국가인 에티오피아는 북부 티그라이 지역에서 군 캠프가 피습을 당하자 6개월 비상상태 선포와 함께 군 병력을 투입하며 전쟁이 또 시작되었다.

티그라이 분쟁에 투입된 에티오피아군이 민간인을 학살하는 사실이 알려져 분쟁은 더 기열되었다. 이로 인해 악숨 성당이 파괴되는 등 추가적인 타격을 입었고 티그라이 분쟁이 인접한 에리트레아까지 번지는 양상으로 확대되었다.

한편 영국의 '릴리즈 인터내셔널(Release International)'은 성직자들이 에티오피아 북부 티그라이에서 전투에 합류한 에리트레아 군부의 표적이 되어 살해되었다고 밝혔다. 또한 정교회 소식통은 신성한 도시 악숨에서 수백 명의 민간인이 학살되는 과정에서 최소 78명의 성직자들이 에리트레아 군에 의해 사망했다고 전했다.

유대교와 이슬람교가 주류인 에리트레아는 2002년 대부분의 교회를 폐쇄한 후 수십 년 동안 기독교인들을 체포, 구금을 하여 고문하는 등 박해했다.

인권 운동가이자 릴리즈 파트너인 아스멜라시 박사는 "에리트레아 감옥에 적어도 기독교인 180여 명이 구금됐고 일부는 지난해 풀려났는데, 아마도 과밀한 교도소에서 코로나바이러스를 억제하기 위한 노력이었을 것이다"라고 말했다. 그러나 여름에 수십 명이 다시 체포된 것으로 알려졌다.

또한 아스멜라시 박사가 "정부의 정책에 어떤 변화도 보이지 않는다"라며 "정부는 이 기독교인들을 체포한다고 해서 아무것도 얻지 못한다"라고 말했듯이 종전선언 후에도 바드메 마을 문제와 티그라이, 오로모 지역 반군세력과 정부군의 무력 충돌 및 종교박해 등의 분쟁은 지속되고 있다.

6·25남침전쟁에서 전설이 된 에티오피아 '강뉴부대'의 아픔

2018년에 종전선언을 했던 에티오피아는 현재 아프리카 대륙의

한 빈국(貧國) 정도로 여겨지고 있다. 하지만 6·25남침전쟁 당시 에티오피아는 오늘날과 달리 1950년대에 우리의 국민소득이 100달러 미만일 때 이미 3000달러 수준의 부국(富國)이었다.

한창 전쟁 중이었던 1951년, 우리 대한민국의 자유민주주의를 위하여 아프리카에서 유일하게 지상군 6000명의 최정예 용사들을 파병해 준 나라이기도 했다.

에티오피아는 전설 속 솔로몬과 시바 여왕의 후예들이 3천 년을 이어온 나라였지만, 1935년 이탈리아의 침공으로 국민 27만 명이 희생되고 황제였던 하일레 셀라시에 1세는 영국으로 망명했다.

그 후에도 투쟁은 계속됐고, 1941년 영국군의 도움으로 이탈리아군을 몰아냈다. 다시 집권한 하일레 셀라시에 황제는 다시는 이 같은

에티오피아의 하일레 셀라시에 황제의 호소에 꽃다운 청춘들은 6·25남침전쟁에 참전했고, 에티오피아의 강뉴부대가 253전 253승의 신화를 남긴 모습(사진-보훈처/동영상캡처)

비극을 겪는 나라가 없도록 집단안보를 주창하는 평화주의자였다.

6·25남침전쟁이 발발하여 유엔의 파병 요청을 받자 내부의 반대에도 불구하고 대한민국이라는 전혀 알지도 못했던 나라의 자유민주주의를 지키기 위하여 에티오피아 제국 최정예 용사인 황실근위대로 '강뉴부대'를 편성해 파병하였다. 대한민국으로 파병온 그들의 이름인 '강뉴(Kagnew)'는 암하라어로 '평정(平定)'과 '초전박살(初戰撲殺)'이라는 뜻이다.

1951년 7월 한국으로 온 '강뉴부대'는 미군 7사단에 배치되어 그해 9월에 벌어진 '적근산 전투'에서 혁혁한 공을 세웠다. 그 이후 한국전쟁의 가장 치열한 전투 가운데 하나였던 '철의 삼각지 전투'에 투입되어 '강뉴' 이름의 의미처럼 단 한 번도 고지를 적에게 넘겨준 적이 없을 정도의 실력을 뽐내며 파병 동안 무려 253전 253승이라는 무패의 신화를 이루었다.

'강뉴부대' 용사의 활약은 전쟁터에서 그치지 않았다. 1953년 이후 그들은 우리의 재건을 위하여 월급을 모아서 서울 동두천에 '보화 고아원'을 설립하여 전쟁고아들을 1956년까지 보살피며 그야말로 진정한 영웅의 상(像)을 보여주었다.

제복은 영원한 애국이다

6·25남침전쟁에 참전한 에티오피아의 강뉴부대와 전쟁 후유증으로 시력을 잃어가는 일마 벨라처 씨가 강뉴부대 2진 소대장으로 참전했던 자신과 동료들의 이야기를 남긴 책과 힘들게 수집한 자료들을 전쟁기념사업회에 기증하는 모습(사진-동영상 캡처/국방부)

현재 '강뉴부대'는 최빈곤층으로 전락,
공산독재정권이 물러난 지금도 어려운 삶 영위

하지만 에티오피아에 7년간의 극심한 가뭄이 들자 1974년 쿠테타가 일어나 공산독재정권이 들어섰다.

공산주의 쿠데타 주동자 '멩기스투'는 하일레 셀라시에 1세 황제를 폐위시켰고, 우리에게 그처럼 고마웠던 '강뉴부대' 용사들은 공산주의와 싸웠다는 이유로 사회의 최빈곤층으로 전락하여 지금까지도 어려운 삶을 영위하고 있다. 6·25남침전쟁 당시 공산주의자들로부터 우리를 지켜준 혈맹의 황제와 용사들이 17년간 지속된 멩기스투 공산독재정권에 의하여 허망하게 사라지는 동안 우리는 부끄럽게도 너무

나도 긴 세월을 그들에 대해서 잊고 살아왔다.

2011년 이명박 대통령의 에티오피아 방문과 함께 최정예 황실근위대였던 '강뉴부대'의 6·25남침전쟁의 참전에 대한 기억이 다시 되살아나기 시작했고, 많은 NGO 및 보훈단체들이 모금활동을 통해 지원을 했으며, 최근에는 코로나의 위기 속에 마스크를 보내주기도 했다.

한편 냉전시대가 막을 내리던 1990년 소련의 지원이 중단되자 사회주의 멩기스투 공산독재정권은 붕괴의 위기에 처했다.

이에 시장경제제도를 도입하는 등 과감한 개혁정책을 단행했지만 1991년 2월 정부군과 반군세력 사이의 평화협상이 결렬되고 무력충돌이 격화되어 4월에는 에티오피아 인민혁명민주전선(EPRDF)이 주요 도시를 장악하였으며, 5월 멩기스투가 국외로 탈출한 가운데 반군세력이 수도 아디스아바바를 점령하였다.

이로써 1974년 군사쿠데타 이후 17년간 지속된 사회주의 공산독재정권이 붕괴되고 다당제와 시장경제를 지향하는 신정권이 수립되었다. 1991년 7월 반군세력은 국민평의회를 구성하고, EPRDF의 지도자 멜레스 제나위(Meles Zenawi)를 과도정부의 대통령으로 선출하였다.

하지만 각 지역에 할거하고 있는 반군세력들 간의 갈등과 인종 간의 대립으로 신정권의 권력기반은 취약한 편이다. 특히 미완의 종전선언에 따른 에리트레아의 잔존한 항쟁 및 오로모 지역 반군세력과 정부군의 무력충돌이 계속되고 있는 현상이 섣부른 종전선언이 보여준 교훈이다.

북한의 '신(新) 통미봉남',
고육지책이지만 '외교적 결례'

WFP를 통한 국내산 쌀 5만 톤 대북지원 행정절차 6월말 내 마무리

북한은 1995년 대홍수와 1996~1997년 가뭄 탓에 처음으로 국제 사회의 지원을 호소할 정두의 극심한 식량난에 빠졌었다.

이른바 '고난의 행군'이라 불리운 대규모 식량난으로 아사자가 무더기로 발생한 사건이다. 먹을 것이 없어 나무뿌리도 삶아 먹었다는 참혹한 기근이었다. 이 기간 동안 정확히 알 순 없으나 사망자만 300만 명에 달하는 것으로 추정됐다.

2000년대에 들어서는 식량 공급 사정이 나아져 최소 소요량을 거의 충족하고 있으나 남한과 비교하면 여전히 매우 낮은 수준에 머무

북한 외무성 미국 담당국장 권정근은 미국에는 대화 재개를 원한다며 '온전한 대안'을 갖고 나와라 하고 남측에 대해서는 북미간 소통 과정에 '참견하지 말라'고 강조해 과거 북한의 '통미봉남 외교전술'의 재연 우려를 낳고 있다. (사진제공-연합뉴스)

르고 있다.

그동안 우리 정부는 1996년 이후 약 16회에 걸쳐 2억 4천만 달러를 유엔 산하 세계식량계획(WFP) 등 국제기구의 북한 취약계층 지원 사업에 공여했다.

그러다 2016년 1월 북한의 4차 핵실험 사태가 터지면서 이런 지원을 전면 중단했다. 문재인 정부도 2017년 9월 국제기구를 통해 북한의 취약계층을 돕는 사업에 800만 달러를 우선 지원하기로 했다. 그렇지만 국제사회의 대북 경제제재로 아직 지원이 이뤄지지 않고 있다.

금년 5월 미국의소리(VOA) 방송에 따르면 유엔 산하 세계식량계획(WFP)은 최근 공개한 '5월 북한 국가보고서'를 통해 "북한의 식량 불

제복은 영원한 애국이다

안정과 주민들의 영양실조가 만성적이고 광범위하다"며 "특히 여성과 어린이 등 취약계층에게 큰 영향을 미치고 있다"고 지적했다.

세계식량계획(WFP)이 집계한 식량 부족을 겪고 있는 북한 주민의 수는 1010만 명이다. 이는 북한 전체 인구의 40%가 넘는 수준이다.

통일부는 지난 26일 국회 외교통일위원회 현안보고에서 대북 식량 지원에 필요한 남북협력기금을 지출하기 위해 남북교류협력추진협의회를 열고 서면심의 절차에 착수했다고 밝혔다. 정부는 사안의 시급성을 고려해 이번 6월 안에 관련 절차를 끝낼 방침이다.

지원안은 국제시세로 약 270억 원어치인 쌀 5만 톤과 세계식량계획(WFP)에 지급할 수송·모니터링 비용 등이 포함된 것으로 알려졌다.

북한 외무성 국장, "조미간 대화에 남조선은 참견 말라", 북미 간 비핵화 협상의 중재자 역할 해온 문재인 정부에 대한 '외교적 결례'

그런데 이때 조선중앙통신에 등장한 권정근 북한 외무성 미국 담당 국장은 이날 담화문을 통해 "미국과 대화를 하자고 하여도 협상 자세가 제대로 되어있어야 하고 말이 통하는 사람과 협상을 해야 하며, 온전한 대안을 가지고 나와야 협상도 열릴 수 있다"고 밝혔다.

권 국장은 "미국이 쌍방의 이해관계에 다같이 부합되는 현실적인 방안을 마련할 생각은 하지 않고 대화 재개를 앵무새처럼 외워댄다고

하여 조미(북미) 대화가 저절로 열리는 것이 아니다"라고 강조했다.

권 국장은 이어 남측의 북미대화 '중재' 노력과 관련해 "조미 대화의 당사자는 말 그대로 우리와 미국이며 조미 적대관계의 발생근원으로 보아도 남조선당국이 참견할 문제가 전혀 아니다"라고 주장했다.

특히 그는 "조미관계는 우리 국무위원회 위원장 동지와 미국 대통령 사이의 친분관계에 기초하여 나가고 있다"며 "우리가 미국에 연락할 것이 있으면 조미 사이에 이미 전부터 가동되고 있는 연락통로를 이용하면 되는 것이고 협상을 해도 조미가 직접 마주 앉아 하게 되는 것인만큼 남조선당국을 통하는 일은 절대로 없을 것"이라며 밝혔다.

권 국장은 또 "남조선당국자들이 지금 북남 사이에도 그 무슨 다양한 교류와 물밑대화가 진행되고 있는 것처럼 광고하고 있는데 그런 것은 하나도 없다"며 "남조선당국은 제집의 일이나 똑바로 챙기는 것이 좋을 것"이라고 덧붙였다.

과거 북한의 통미봉남(通美封南 : 미국과는 실리적 통상외교를, 남한 정부의 참여는 봉쇄) 외교전술이 다시 등장하는 것 아니냐는 우려가 제기되고 있다.

게다가 권 국장은 "조미대화가 열리자면 미국이 올바른 셈법을 가지고 나와야 하며 그 시한부는 연말까지"라며 "미국이 지금처럼 팔짱을 끼고 앉아있을 작정이라면 시간이 충분할지는 몰라도 결과물을 내기 위해 움직이자면 시간적 여유가 그리 많지는 못할 것"이라고 재차 강조했다.

제복은 영원한 애국이다

더불어 "미국은 우리의 거듭되는 경고가 결코 빈말이 아니라는 것을 명심하는 것이 좋을 것"이라고 위협까지 했다.

북한이 북핵협상의 교착상태에서 '신(新) 통미봉남정책'을 재가동할 것처럼 발언하는 이유는 뭘까. 한국의 역할을 부인하려는 게 속마음은 아닐 것이다. 북한 김정은 국무위원장이 문재인 대통령의 조력 없이 자신이 원하는 '단계적 비핵화'를 관철시키기란 불가능한 구도이기 때문이다.

따라서 오히려 좀 더 적극적인 한국의 역할을 견인하기 위한 고육지책으로 풀이된다. 이를 통해 김정은 위원장이 도널드 트럼프 미국 대통령과의 북핵협상 무산 이후 처한 정치적 난국을 돌파하려는 의도가 강한 것으로 분석된다.

그럼에도 불구하고 진정성을 갖고 북핵협상의 조율자 역할을 수행해온 한국 정부를 배제하려는 듯한 제스처는 외교무대에서 중대한 '결례'이다.

김정은과 트럼프가 구사하는
이이제이(以夷制夷) 전략을 역이용하라

북미의 '以夷制夷'=美 '트럼프發 메시지 유인 전략'
vs 北 '문 대통령 폄하/트럼프 참모 제거 전략'

美 CNN, "트럼프 대통령의 메시지 남북회담 때 김정은에 전달할 수도…" 공개

　이이제이(以夷制夷)는 오랑캐로 오랑캐를 친다는 것으로 이쪽 적을 끌어들여 저쪽 적을 공격하게 하는 분열책인 이간계(離間計)이다. "남의 칼(힘)을 빌려 사람을 죽인다"는 차도살인계(借刀殺人計)도 모두 상대끼리 의심하게 하여 자중지란을 유발하는 고도의 책략이다.

　문제인 정부는 2019년 4월 22일 문 대통령이 4차 남북정상회담이 열리면 트럼프 대통령의 메시지를 김 위원장에게 전달할 수 있을 것이라고 했다. CNN은 지난 19일 트럼프 대통령의 메시지 존재를

러시아 크렘린궁은 김정은 위원장이 2019년 4월 하반기에 러시아를 방문한다고 공식 발표했다.(사진제공-연합뉴스)

알리면서 "이 메시지에는 현재의 방침(course of action)에 중요한 내용과 북미정상회담에 긍정적 상황으로 이어질 내용이 포함돼 있다"고 전했다.

이 메시지는 문 대통령이 그해 4월 11일 열린 한미회담에서 트럼프 대통령에게 전달받았을 가능성이 높은 것으로 알려졌다. 당시 드럼프 대통령은 문 대통령에게 "한국이 파악하는 북한 입장을 가능한 한 조속히 알려달라"고 요청했다고 한다.

한편 김정은 위원장은 25일경 러시아의 극동 전략 요충지인 블라디보스토크에서 블라디미르 푸틴 러시아 대통령과 정상회담을 가질 것으로 알려졌다. 북한과 러시아의 정상회담은 문 대통령의 '중재자' 노력을 무시한 새판짜기로 보여진다.

이번 북러정상회담이 성사되면 문 정부가 추진하고 있는 제4차 남북정상회담은 성사되더라도 후순위로 밀려 시기가 한참 늦춰질 수밖에 없다. 김정은 북한 국무위원장이 북러정상회담을 통해 비핵화 협상의 외교채널 다각화에 나서면서 문재인 정부의 북미 중재 전략에 상당부분 차질이 빚어질 것이기 때문이다.

게다가 김 위원장은 4월 12일 시정연설에서 "(남측은) 오지랖 넓은 '중재자', '촉진자' 행세를 할 것이 아니라 민족의 이익을 옹호하는 당사자가 돼야 한다"며 그간 북한의 비핵화 의지를 미국 측에 설득해온 문 대통령을 힐난하면서 폄하하기도 했다.

北, '눈엣가시' 볼턴, 폼페이오를 협상팀에서 빼라는 등 연일 맹공

김 위원장은 4월 6일 평양 공군부대 방문에 이어 17일 국방과학원의 신형 전술유도무기 사격 시험을 참관했다. 남북정상회담 제안 직후 나온 김 위원장의 정치적 행보는 "북한의 요구사항을 들어주지 않으면 남북정상회담은 없다"는 경고로 풀이된다. 북한이 보다 직접적인 방식으로 문재인 정부 길들이기에 나선 것이다.

뿐만 아니라 북한은 미국 외교, 안보라인 핵심 참모인 마이크 폼페

제복은 영원한 애국이다

이오 미 국무부장관과 존 볼턴 백악관 국가안보보좌관을 협상팀에서 빼라고 압박하고 있다. 다만 도널드 트럼프 대통령을 향한 압박이 아니라는 점에서 3차 북미회담 시 정상간 메시지 교환 등 톱다운 방식을 통해 성과를 도출키 위한 전술이라는 평가다.

그때까지 비핵화 일괄타결을 주장하는 미국의 '빅딜론'과 단계적 비핵화와 상응조치를 요구하는 북한의 '단계론'은 간극이 크게 벌어져 있는 상태다. 그러나 김 위원장도 트럼프 대통령의 메시지에 관심을 가질 수밖에 없다. 이에 중재자이자 촉진자 역할을 자임해온 문 대통령이 나서야 한다는 목소리에 힘이 실린 결과이기도 하다.

다만 남북정상회담에 대해 북한은 이렇다 할 반응을 보이지 않고 있고, 김 위원장이 북러정상회담을 앞둔 점 등을 고려할 때 당분간 공개적인 남북 정상 간 회동 가능성은 높지 않아 보인다. 이에 일각에서는 한미회담 결과를 논의하기 위한 남북 정상의 '원포인트 정상회담'을 청와대가 염두에 두고 있는 것 아니냐는 해석도 흘러나오고 있다.

이러한 일련의 외교활동들을 종합할 때, 과거 중국의 사방 변경 밖의 동이(東夷)와 서융(西戎), 남만(南蠻), 북적(北狄) 등을 다스리기 위해 당 태종이 사용했던 오랑캐로 오랑캐를 공격하게 하는 이이제이(以夷制夷)의 분열책을 교묘하게 북한과 미국이 활용하고 있다고 분석된다.

미국은 한국에게 4차 남북정상회담이 열리면, "현재의 방침에 중요한 내용과 북미정상회담에 긍정적 상황으로 이어질 내용이 포함돼 있다"는 트럼프 대통령의 메시지를 김 위원장에게 전달하도록 미끼를 던졌지만, 북한은 마이크 폼페이오 미 국무부 장관과 존 볼턴 백악관 국가안보보좌관을 협상팀에서 빼라고 압박하면서 러시아에게 손을 내밀고 있다.

미국은 공을 한국에게 넘겼고, 이것을 활용하여 북한은 한국을 무시하면서도 한미관계를 악화시키고, 북미협상에 장애물이 되는 미국 인사를 제거하려는 고도의 이간계(離間計)와 이이제이(以夷制夷)책략을 구사하고 있다. 이로써 방휼상쟁(蚌鷸相爭), 어부지리(漁夫之利), 일거양득(一擧兩得) 등의 효과를 얻겠다는 속셈이다.

문 대통령, 공을 넘긴 미국과 이간계 쓰는 북한의 전략을 역이용해야

또한 북한은 북러정상회담을 통해 러시아를 끌어들여 미국을 압박하는 남의 칼(힘)을 빌려 사람을 죽인다는 차도살인계(借刀殺人計)을 구사하여 자중지란을 유발하는 고도의 책략도 보여주고 있다.

정부 당국자들은 타국의 치열한 이간계(離間計)에 현혹되지 말고 이간계 전략에 놀아나지 않는 게 중요하다. 하나의 팀으로 서로를 격려하고 작은 차이를 인정하고 더 큰 목표를 향해 협력해 나가야 한다.

즉 국가 안위를 위해 굳건한 안보태세와 한미동맹을 견고히 하면서, 오히려 우리가 북중러 간의 이이제이(以夷制夷)를 유발시킬 수 있는 이간계(離間計)를 구사할 수 있도록 외교책략을 강구해야 한다.

남북정상 4.27선언 1주년의 결실은 빈손

냉전의 산물인 남북분단/대결 종식과 평화번영은 아직 요원

4.27 판문점선언, 9.19 평양선언 이후 군사분야만 이행되고 나머지는 답보상태

2018년 4월 25일 김정은 위원장과 푸틴 대통령이 북러정상회담을 가졌다. 그 이틀 뒤인 4월 27일은 판문점에서 문재인 한국 대통령과 김정은 북한 국무위원장이 역사적인 정상회담을 한 지 1년이 되는 날이다.

당시 남북정상은 "남과 북은 정전협정체결 65주년이 되는 2018년에 '종전선언'을 하고 정전협정을 평화협정으로 전환하여 항구적이고 공고한 평화체제 구축을 위한 남북미 3자 또는 남북미중 4자회담 개

제복은 영원한 애국이다

2018년 4월 27일 남북정상회담 후 판문점선언 모습 (사진제공-연합뉴스)

문재인 대통령과 김정은 북한 국무위원장은 27일 한반도 비핵화를 위한 국제사회의 지지와 협력을 위해
적극적으로 노력하기로 하는 내용 등의 '한반도의 평화와 번영, 통일을 위한 판문점선언'에 서명하고 발표
했다. (사진제공-연합뉴스)

최를 적극 추진한다"는 내용을 판문점 선언문에 포함시켰다.

양 정상은 "남북의 완전한 비핵화를 통해 핵 없는 한반도를 실현한다는 공동의 목표를 확인하면서 냉전의 산물인 분단과 대결을 하루빨리 종식시켜 민족적 화해와 평화번영의 새로운 시대를 과감하게 밀어나가며 남북관계를 보다 적극적으로 개선하고 발전시켜 나가야 한다"는 확고한 의지를 밝히며 '종전선언'을 언급했다.

4.27 판문점선언이 발표된 지 1년이 지났고, 이를 시행하기 위한 9.19 평양공동선언 중 구체적 실천 사항은 총 13건이었다. 그러나 그중 실천된 건 아래 표와 같이 '연내 철도·도로 연결 착공식' 1건뿐이다. 그나마도 대북 제재 때문에 '착공 없는 착공식'만 열었다.

그 외 남북군사공동위원회 가동 △조건부 개성공단, 금강산관광 정상화 △금강산 이산가족 상설 면회소 개소 △이산가족 화상 상봉 및 영상 편지 교환 문제 해결 △평양예술단 서울 공연 진행 △동창리 엔진 시험장 및 미사일 발사대 영구 폐기 △김정은의 서울 답방 등 7건은 지금까지도 아예 이행되지 않고 있다.

공동선언 부속 서류인 남북 군사분야 합의는 상당수 이행됐지만 이마저도 비핵화 없는 남북 간 군축이고, 북한의 일방적 불이행 동향이 포착되면서 의미가 퇴색했다.

[9.19평양공동선언 주요 합의사항 이행경과]

합의내용	이행경과	비고
1. 연내 철도/도로 연결 착공식(2조1항)	○	이행
2. 남북 삼림/환경협력 추진 노력(2조3항)	△	부분이행
3. 방역 및 의료/보건 협력 강화(2조4항)	△	부분이행
4. 2020하계 올림픽 공동진출 등(4조2항)	△	부분이행
5. 10·4선언11주년행사 개최 및3·1운동100주년 공동 기념(4조3항)	△	부분이행
6. 남북 군사공동위원회 가동(1조2항)	×	미이행
7. 조건부 개성공단/금강산 관광 정상화, 경제공동특구 조성 협의(2조2항)	×	미이행
8. 금강산 이산가족 상설 면회소 개소(3조1항)	×	미이행
9. 이산가족 화상상봉/영상편지 교환(3조2항)	×	미이행
10. 2018년 10월 평양예술단 서울공연 진행(4조1항)	×	미이행
11. 동창리 엔진시험장 및 발사대 영구폐기(5조1항)	×	미이행
12. 김정은 가까운 시일 내 서울 답방(6조)	×	미이행
13. 미국 상응조치시 영변 핵시설 영구폐기(5조2항)	×	협상결렬

북한은 2019년 2월 하노이 북미정상회담 결렬 전후로 남북 협력사업에 대해 큰 의지를 보이지 않고 있다. 9.19평양공동선언 중 군사공동위 가동, 평양예술단 공연, 동창리 시설 폐기 등은 북한의 의지만 있으면 실행할 수 있는 합의사항이지만 북한은 묵묵부답이었다.

당시 국방부 관계자는 "북한 측에서 응답이 오면 언제든 군사 공동위를 구성할 수 있지만 별다른 반응을 보이지 않고 있다"고 했다. 국책 연구소 관계자는 "여권 주장대로 국회 비준까지 받았으면 우리만 목을 더 매는 상황이 됐을 것"이라며 "북한은 처음부터 평양공동선언을 단순 선언 이상으로 생각한 것 같지 않다"고 했다.

반면 북이 원했던 남북 군사 합의는 평양공동선언과 달리 진척도

2018년 12월 26일 오전 북한 개성시 판문역에서 열린 '남북 동해선 철도, 도로 연결 착공식'에서 이강래 (왼쪽부터) 한국도로공사 사장, 천해성 통일부 차관, 북한 박호영 국토환경보호성 부상 등이 서울·평양 표지판 앞에서 손을 잡고 있다. (사진제공-공동취재단)

가 높다. 군사분계선(MDL) 일대의 비행 금지 구역 설정과 비무장지대 (DMZ) 내 GP(감시 초소) 시범 철수, JSA(공동경비구역) 비무장화, 한강 하구 공동 이용 수역 설정 및 조사, 서해 북방한계선(NLL) 일대의 서해 평화수역 설정 등 대부분이 실현됐다.

이런 가운데서도 북한의 일방적 불이행과 대남 선전전은 꾸준히 증 가 추세다. 자유한국당 백승주 의원에 따르면, 북한은 9.19군사 합의 발표 이후 6개월 동안 선전 매체를 통해 "남측이 군사 합의를 위반했 다"며 비난을 122건 했다. 이 기간에 매체를 통한 대남 비방도 1471 건이었다.

제복은 영원한 애국이다

북한의 일방적 길들이기 놀이 속에서 한미정상회담은 비핵화 대화 재개 기대감 높여

2019년 3월 말 국가안보실 차장과 외교부장관이 미국으로 날아가 사전조율 및 협상을 하고, 4월 11일에는 문재인 대통령과 트럼프 대통령이 만나 2월 하노이 북미정상회담 결렬 이후 향후 비핵화와 대북제재 조정 및 남북협력사업, 종전선언 추진 등을 위한 한미정상회담을 추진했다.

그러나 이번 한미정상회담은 특별히 새롭게 제기된 합의 및 발전사항이 없던 '속 빈 강정' 같았으나, '하노이 담판' 결렬 이후 급격히 저하된 북미간 비핵화 대화의 동력을 되살려낼 수 있는 모멘텀을 확보했다고 평가할 수 있다.

문재인 대통령은 제3차 북미정상회담의 필요성을 적극적으로 언급했고 트럼프는 '빅딜·제재유지'를 재확인하며 남북회담을 통해 "북한 김정은의 입장을 알려 달라"고 주문했다.

문 대통령이 야심차게 준비했던 남북 협의사항 중의 개성공난 빛 금강산 관광 정상화, 경제공동특구 조성, 종전선언 등은 말도 못 붙인 채 모든 것을 숨겨둔 트럼프의 메시지만 들고 북 김 위원장과 흥정하라는 이야기만 들고 그 먼 길을 돌아왔다.

이제는 북러정상회담도 끝났으니 탄력을 받아 문 대통령이 트럼프 대통령으로부터 건네받았다는 '비핵화 및 남북경협'을 위한 메시지를 활용하여 새로운 물꼬가 트여지기를 기대할 뿐이다.

김관진 암살론과
라이언 일병 구하기

**북한 김정은 정권이 '암살 타깃' 공언할 정도의 안보전문가 김관진
전 국방장관 구하기 필요성 제기**

 스필버그에게 두 번째 아카데미 감독상을 안겨준 영화 〈라이언 일
병 구하기〉는 노르망디 상륙작전 중 오마하 해변 전투장면의 생생한
묘사로 전쟁의 공포를 실감나게 재현했다는 평가를 받았다. 이 영화
의 전투장면을 모델로 두고 만든 충무로의 유사 할리우드 영화 〈태극
기 휘날리며〉도 천만이 넘는 관람객을 끌어 모아 대히트를 했다.
 김관진 전 국방부장관은 과거 정권에서의 '내치문제'로 인해 최악
의 상황에 처해있다. 그러나 북한 정권이 김 전 장관을 '암살 타깃'으

2017년 5월 17일 김관진 전 청와대 안보실장이 지난 5월 17일 대통령 취임 후 처음으로 국방부를 방문한 문재인 대통령을 맞이하면서 인사를 나누고 있다. (사진-뉴스투데이)

로 공언했을 정도로 안보분야에서 최고의 능력을 발휘했던 인물이라는 사실을 감안해 '라이언 일병 구하기'가 필요하다는 지적이 세기되고 있다.

1989년 즈음인가(?) 합참 아이솔 막사 구석방에서 갓 대령으로 진급한 장교가 '818국방개혁'초안 작성을 위해 책상 위에 수북이 쌓여있는 지우개떡 속에 파묻혀 있었다.

그 장교가 김관진 전 장관이다. 김관진은 국방개혁의 매순간 첨병으로 불철주야 머리를 짜내었다. 그의 단호하고 정확한 정책판단은 북한에게 공포의 대상이었다는 게 우리 군 관계자들의 공통된 증언이다.

그가 국방부장관이 되었을 때인 2012년 10월 19일 북한 인권단체가 대북전단을 발표하는 것에 대해 북한군이 "임진각을 타격하겠다"고 협박하자 김 전 장관은 '원점까지 타격'이라고 일갈했다.

그는 북한의 위협에 대해 이렇게 강력 대응했다.

"(서부전선의) 1군단 지역에도 이미 경고가 내려갔다. 적 도발에 대한 응징 태세는 완벽히 갖추고 있다. 그 사람들(북측)이 작년에도 '삐라를 뿌리면 원점을 포격한다'고 위협을 했고 (북한이 실제) 그렇게 한다면 (우리는) 그 원점 지역을 포함한 지휘부까지 완전히 격멸하겠다고 했다"

그 후 김관진에 대한 북한 암살론에 대해 국내 언론들의 보도도 이어졌다. 과연 그의 국방 통솔력이 얼마나 대단했고 북한 정권이 고질적으로 눈엣가시처럼 여기며 두려워했는지는 보통사람이라도 짐작할 수 있다.

북한의 화형식과 사격훈련 표적 대상이 된 김관진의 무섭고도 슬픈 눈

언젠가 시인 김지하는 김관진에 대해 "저토록 무섭고 슬픈 눈을 가진 사람은 처음 본다"며 "그의 눈이 무서운 것은 그 빛이 강하고 깊기 때문이고 슬퍼 보이는 것은 어떤 운명을 품고 있는지 알 수 없는 저 깊

제복은 영원한 애국이다

은 눈동자 때문"이라고 설명하기도 했다.

북한의 무자비한 군사적 타격 협박에 원점까지 완전히 격멸하겠다는 경고를 쏟아낸 무섭고도 슬픈 눈을 가진 김관진 장관을 북한의 카이스트라고 불리는 김책공업종합대학교 교직원과 학생들은 화형식의 제물로 삼았다. 이명박 대통령과 함께 인형을 만들어 끌고 다니며 나무에 매달고 화형식을 하는 모습이 2012년 3월 7일 북한 조선중앙TV에 방영되었다.

2015년 8월에는 비무장지대(DMZ)에서 지뢰도발을 한 북한군이 이번에는 박근혜 대통령과 함께 김관진 안보실장의 사진으로 만든 표적지에 실탄 사격을 하는 모습을 공개했다.

김지하 시인이 "저토록 무섭고 슬픈 눈을 가진 사람은 처음 본다"라고 말한 김관진의 국방부장관 및 2군단장 시절 모습(사진-국방부)

2014년 9월 당시 새누리당 한기호 의원은 "北, 세월호 이후 더 집요해진 '南 흔들기'…대남비방 倍로 껑충 뛰어"라며 친북 사이버 기지 1784개를 적발하였다고 말했다.

우리 민족끼리, 려명, 광명사, 구국전선 등 대남선전 매체를 통해 상반기에만 7235차례 대남 비방전을 펼쳐 하루에 40건 정도 쏟아낸 셈이라고 밝혔다. 한 의원은 "국군 사이버사령부가 정치 개입이란 잘못된 과거를 빨리 털어내고 북한의 사이버심리전과 사이버 공격에 대응한다는 본연의 역할에 충실해야 한다"고 강조했다.

한데 북한은 이상하게도 현재 적폐와 국정농단으로 코너에 몰린 박근혜 전 대통령, 이명박 전 대통령 및 김관진 전 장관 등을 대남심리전의 표적으로 삼았다. '내치'와 '안보'분야에 대해서는 전혀 다른 평가가 나올 수 있는 것이다.

北 김정은의 역(逆) 이이제이(以夷制夷) 역이용해야

조선중앙TV를 포함한 대남선전 매체에서는 "저 김관진 xx같은 전쟁대결 광신자들 때문에 청와대 안방 주인은 물론이고 이제 남조선 인민들도 큰 변을 당하게 될 것이다"라며 화형식 영상 등을 계속 방송했다. 결국은 북한의 김정은 정권이 제일 두려워하고 겁내는 존재가 현재는 한국사회에서 적폐의 대상이 되어있는 역설적인 현상이 발생한 것이다.

송나라 용장 악비는 요나라와 금나라에서 가장 두려워하는 존재였으나 송나라 재상 진회에 의해 처형되었다. 임진왜란 시 왜군은 끝없는 밀정의 활동을 통해 선조를 조정했고, 왕은 첩자들의 농간에 휘둘렸다. 결국 연전연승했던 이순신 장군은 임금의 진군명령을 거역한 죄로 삭탈관직 당해 권율 장군 휘하에서 백의종군했고 "전쟁이 끝나면 이순신을 반드시 죽이겠다"며 선조는 이를 갈았다.

북한 인민군 사격훈련의 표적이 되었고 김책대학교 화형식 대상이 되었던 인물은 북한 김정은 집단이 제일 두려워하고 골치 아픈 사람이었다. 지금은 우리 손으로 송나라 악비나 이순신 장군처럼 처단하라고 한다.

비록 내치(內治)에는 문제가 있을 수 있으나 외치(外治)에서 능력을 발휘했던 사람을 어떻게 해야 좋을 것인가. 단지 북 김정은의 역(逆)이이제이(以夷制夷)에 놀아나는 어리석음이 아니길 바랄 뿐이다.

북핵위기 속 마무리된 문재인 정부의
군 장성 인사 3가지 유감

문재인 대통령, 일련의 장성인사 통해 '합동작전능력'과 '개혁성'에
방점 둬… 군 안팎에선 개혁인사의 3가지 부작용 거론해 눈길

　문재인 정부가 시작되고 첫 군장성인사를 마무리했다. 2017년 8월
8일 국방부 대장급 인사에 이어 26일 중·소장급 진급 및 보직인사를
발표했다. 26일 장군 인사에서는 육군 10명, 해군 1명, 공군 2명이 소
장에서 중장으로 진급했다. 또 육군 준장 10명과 해병대 준장 1명이
소장으로 진급해 사단장으로 임명됐다.

　이번 인사는 북핵 미사일 위협이 고조되는 상황에서 '육해공군의
합동작전 능력' 강화 및 '능력 중시 및 육군의 기수 파괴'라는 혁신성

을 강화한 작품으로 평가되고 있다.

이 같은 해석은 대장급 인사에서 합참의장에 현 공군참모총장인 정경두 대장을, 육군참모총장에는 현 합참 전략기획본부장인 김용우(육사 39기) 중장을 각각 기용한 것을 근거로 한다.

그 폭도 컸다. 대장급 8개 자리 중 7개가 바뀌었고 합참의장을 제외한 여섯 자리는 모두 중장에서 대장으로 진급한 인사였다.

그러나 개혁성에 방점을 두는 과정에서 군의 전문성 및 인재육성이라는 측면에서는 미흡한 점이 드러났다는 지적도 만만치 않다.

군 소식통들에 따르면 문재인 정부의 첫 장성인사는 3가지 정도의 문제점을 드러낸 것으로 보인다.

첫째, 마타도어성 투서로 인한 장성급 인재의 조기 낙마

8월 8일 대장급 인사로 인해 '군 장성급 인재'의 조기 퇴진 현상이 두드러졌다.

특히 당초 하마평에 올랐던 유능한 인재가 불순한 목적의 투서로 인해 낙마했다. 정확한 정보 검증이 부족한 상태에서 졸속인사를 함으로써 마타도어의 피해자가 생긴 것이다.

예컨대 합동참모본부 작전본부장 김용현(육사 38기) 중장과 육군사관학교장 최병로(육사 38기) 중장은 육군참모총장 물망에 올랐다가 이

국방부는 2017년 9월, 합동참모회의(합참) 차장에 7군단장인 이종섭(56·육사 40기) 육군 중장을 임명하는 등 장성급 장교 인사를 단행했다. 사진은 왼쪽 위부터 시계방향으로 이종섭 합동참모차장, 구홍모 육군참모차장, 이성용 공군참모차장, 남영신 특수전사령관, 이건완 공군작전사령관, 김정수 수도방위사령관 2017.09.26. (사진- 국방부 제공).

번 인사로 전역하게 된다. 후배인 김용우(육사 39기) 대장이 육군참모총장으로 임명되었기 때문이다.

김용현, 최병로 중장이 총장 후보로 부각되면서 갖은 마타도어에 시달리며 결국 후배에게 자리를 내주게 되었다는 사실은 심각한 문제점으로 꼽힌다.

제복은 영원한 애국이다

김용현 중장은 사단장 재직 시절 익사사건을 조작했다는 거짓 제보로 뭇매를 맞고 국가권익위의 3개월간 조사를 받는 과정에서 군을 위해 더 봉사할 기회는 물 건너가 결국 기수를 건너 뛴 후배가 총장에 임명되었다.

　　그러나 적재적소의 보직을 못하게 만든 마타도어의 하나인 익사사건 조사 결과, 제보했던 연대장은 9월 25일자로 '상관 무고와 명예훼손'죄로 검찰로부터 기소되어 법정에 서게 되었다. 결국 군을 위해 큰일을 할 수 있는 장래가 촉망되는 인재가 거짓 제보로 뜻을 펼치지 못하고 전역하게 된 것이다.

둘째, 기수 파괴라는 개혁인사로 인해 인재의 적재적소 배치 미흡

　　기수 파괴의 부작용도 지적된다. 북핵 미사일 도발의 위협을 고려할 때 효과적으로 위협에 대응하고 군을 지휘할 수 있는 경험을 쌓은 인재의 적재적소 배치가 이루어지지 못한 측면이 있다.

　　예컨대 육군참모차장에 보직된 현 수방사령관 구홍모 중장은 합참 작전본부에서 뼈가 굵은 작전통이다. 대령 시절 합동작전과장에 이어 7사단장을 마치고는 작전부장에 임명되어 북한의 불법 도발 시 TV에서 강한 인상으로 엄중히 경고하여 전율을 느끼게 만든 장본인이기도 하다.

하지만 구 장군은 합참이 아닌 육군참모차장으로 보직되었다. 이는 구 장군의 육사 40기 동기생들이 대장으로 먼저 진급하여 군사령관과 연합사부사령관으로 보직된 데 따른 궁여지책으로 분석된다.

이런 사례는 육사 38기와 37기에서도 찾아볼 수 있다. 최근 KBS의 군사전문 해설 및 평론가로 방송을 통해 지명도가 높아진 신원식(육사 37) 장군은 김용현 장군과 마찬가지로 합참 작전본부장을 거친 작전통으로 동기생 중 선두주자였다. 그러나 기수파괴의 소용돌이 속에서 대장 진급을 하지 못한 채 군 경력을 마감하게 되었다.

해공군의 경우를 보더라도 참모차장이 교육 및 작전사령관으로 보직되는 등 돌려막기 인사라는 비판도 제기됐다.

셋째, 고질적인 정치권 줄대기 소문 여전

정치권 줄대기 의혹도 흘러나오고 있다. 고위 정치인과 연관된 장군이 자타가 인정하는 선두주자를 제치고 먼저 진급했고 그로 인해 돌려막기 인사가 벌어지고 있다는 것이다.

예컨대 기수파괴를 통해 진급한 40기 중에는 현 청와대 비서실장의 고교 동창이 포함되어 있어 "권력의 입김이 작용한 것"이라는 관측도 있었다.

군인은 '정권'이 아닌
'국가안보'를 위해 일한다

군인은 국가의 명령에 복종하는 게 숙명

필자는 2012년 육군본부 정책실장으로 근무할 때 모 선배로부터 전화를 받고 심각한 고민에 빠진 적이 있었다.

제17대 이명박 대통령의 임기가 얼마 남지 않았는데 청와대 국가안보실 위기관리비서관으로 오라는 통보였고, 필자는 정권 말기에 청와대에서 호출하는데 가야 되냐고 주변 선배들에게 자문을 구했다.

대부분의 선배들은 필자를 아끼는 마음에서 대통령 임기 말기에 비서관으로 들어가면 정권 교체 후에 필자의 진로에 타격을 받을 우려가 있으니 거부하라는 조언이었다.

2020년 여름, 연합사에서 고별 의장행사시 사열하는 전 합참의장 박한기(학군21기) 대장 모습과 을지연습을 대비해 박 의장과 에이브럼스 연합사령관이 탱고 지휘소에서 한미 연합작전 협조회의를 했던 장면(사진-국방홍보원)

진퇴양난(進退兩難)의 고민 속에서 허덕이다가 합동참모본부에 근무하는 후배 J장군의 사무실에 잠깐 들렀을 때 필자는 또 한 번 충격에 빠졌다.

그는 정색을 하며 "선배님이 정치군인입니까?"라며 "군인이 국가에서 필요해 보직을 정해주면 단 하루라도 그 보직으로 이동해서 근무하는 것이 명령에 복종하는 군인 아닙니까?" 하고 반문했다.

그는 대통령의 임기 말기에 비서관으로 들어가면 본인에게 손해라고 조언한 선배들이 오히려 잘못된 것이고 군인이면 명령을 따르는 것이 당연한 처사라고 강조했다.

J장군의 명쾌한 조언은 쓸데없는 기우에 빠져 고민하던 필자에게

제복은 영원한 애국이다

군인으로서 마땅하게 이행해야 할 정도(正道)를 깨닫게 해주었다.

그런데 약 4개월로 예상되었던 제17대 이명박 대통령 비서실의 위기관리비서관 근무는 새롭게 시작되는 18대 박근혜 대통령 정부에서도 연임되어 약 1년 반의 청와대 생활을 하였다. 이것은 새로운 관례가 되어 대통령 교체 시의 국가 위기를 고려하여 정권이 바뀐 문재인 정부에서도 위기관리비서관은 차기 정권의 요원들이 숙달될 때까지 연임하는 제도로 정착되었다.

12~19대 대통령 (연합뉴스)

명령에 의해 중요직책에 보직된 군인은 맡은 바 소임을 다하며 국가안보를 위해 최선을 다해야

통상 정권이 바뀌면 청와대 비서관들은 전원이 교체된다. 하지만 과거 대통령 교체기에 대구역 가스사고(노무현 취임 시), 숭례문 화재사고(이명박 취임 시), 북한 미사일 발사 및 핵실험(박근혜 취임 직전) 등의 국가 위기 상황이 발생하여 필자 재직 시부터 위기관리비서관은 정권이 바뀌어도 유임되는 시스템이 되었다.

하지만 정권이 바뀌면 청와대 비서관이나 행정관으로 근무했던 장교들은 차기 정권에서 뜻하지 않은 피해를 보았다.

즉 전 정권에서 많은 혜택을 누렸던 인사들은 새 정부의 국정철학을 실천하고 정치개혁을 구현하기 위해 전 정부의 색깔을 지워야 한다는 정치적 의도가 적지 않았기 때문이다.

이에 따라 단지 순수한 상급부대 명령에 의해 중요 보직에서 소임을 다해 업무를 수행했던 장교들이 선의의 피해를 보는 사례가 다반사였다.

필자에게 건전한 조언을 해주었던 J장군도 마찬가지였다. 그는 제16대 노무현 대통령 정권의 청와대 국방비서관실에서 행정관으로 근무했는데 보수정권이 들어서자 한직으로 보직되어 전전하다가 간신히 준장으로 진급했다.

그러나 그의 말에 따르면 청와대 근무 시에 국방 및 안보분야를 잘

제복은 영원한 애국이다

모르는 진보 성향의 비서실 직원에게 항상 반대 의견을 제시하며 설득하고 치열하게 싸웠다고 강조했다. 사실 더 나쁘게도 변질될 정책을 막아내고 지연시킨 자신의 노력을 인정 못하는 실정에 안타까워했다.

본인의 의지와는 무관하게 보직 명령을 따르며 청와대 등 주요 직책에 보직된 군인은 맡은 바 소임을 다하며 소신껏 국가안보를 위해 최선을 다하는 것이 기본이었기 때문이다.

문재인 정부의 국방부장관 송영무(45대), 정경두(46대), 서욱(47대)과 합참의장 이순진(39대), 박한기(41대), 원인철(42대) 장군 (사진-연합뉴스)

과오를 평가할 때는 단순한 정치적 논리를 탈피, 정확하게 옥석을 구분해야

2022년 2월 24일 오전, 러시아는 우크라이나의 수도 키이우(키예프)에 미사일 공격을 하며 침공을 시작했고 많은 도시가 파괴되며 엄청난 민간인들의 피해가 발생하여 국가 존망의 위기에 빠져있다.

우리도 과거 정부에서 연평해전이 벌어져 많은 군인이 전사해도 당시 대통령은 한일월드컵 폐막식에 참석했으며, 백령도 앞바다에서 공무원이 화형을 당하고 우리 대통령에게 입에 담지 못할 막욕을 해도 아무 대응도 못하는 무기력한 국가로 전락도 했다.

또한 국가 안보를 지키기 위한 한미 연합훈련도 못하게 통제하고 압박했던 문재인 정권에서는 북한의 눈치를 보며 훈련을 축소하는 실정이었고, 그런 가운데 묵묵히 숨은 노력을 하고 있는 국방 관계자들을 보면 안타까운 심정이었다.

하물며 전 기무사령관 故 이재수(육사 37기) 장군은 정치적 의도에 따라 희생양이 되어 온갖 수모와 망신을 당해도 버티려고 했으나 죄 없는 부하와 상관까지 죄를 뒤집어 씌우려는 검찰 수사에 항거하여 운명을 달리했다.

그래서인지 체력단련장이나 각종 모임에 소위 전 정권의 고위직에 근무했던 인물들이 보이지 않는다. 왜냐하면 그곳에서 만나는 후배 및 선배 장교들의 따가운 눈초리나, 무시당하는 일이 종종 벌어지기

제복은 영원한 애국이다

때문이다.

하지만 뜻하지 않게 청와대로 선발되어 그곳에서 근무했던 군인 중에도 많은 장교들이 J장군처럼 나름대로 국가안보를 위해 노력한 것은 인정해야 한다. 명령에 의해 보직된 군인을 평가할 때는 단순한 정치적 논리보다는 정확하게 옥석을 구분하는 것이 필요하기 때문이다.

전 합참의장 박한기 대장(학군 21기), 수방사령관 김선호 중장(육사 43기), 기무사 민병삼 대령(육사 43기) (사진-연합뉴스)

우리 국민들도 이런 정직한 참군인들이 아직도 많이 존재한다는 사실을 상기하고 군을 존중해야 한다

2022년 3월 9일 대선에 맞춰 정치판에 발을 들여놓은 예비역 장군들 뒤편에서 조용히 빛나는 별이 있었는데 그들 중에 한 명이 바로 박한기(학군21기) 전 합참의장이다. 문재인 정부에서 임명돼 임기를 다한 합참의장, 참모총장, 군사령관 중에서 어떤 캠프에도 발 들이지 않은 육군대장이다.

박한기 전 합참의장은 남북정상회담이 벌어지던 2018년 9월에 의장으로 임명됐고 남북미 대화가 잇따라 열리면서 연대급 이상 한미연합 실 기동훈련이 중단됐다. 게다가 코로나19가 확산되자 여권은 연합지휘소 훈련마저 취소하라고 압박했지만 박 의장은 에이브럼스 연합사령관과 협력하며 버텼다. 이번 문재인 정부에서 그나마 최소한의 연합지휘소 훈련이라도 할 수 있었던 데는 박 의장의 공이 컸다.

또한 훈련 기피로 미군과의 관계가 소원해질 때 박한기 의장의 군사 외교력이 돋보였다. 합참의 한 장교는 "박 의장은 로버트 에이브럼스 연합사령관을 비롯한 주한미군 지휘부를 하루가 멀다 하고 만나면서 한반도 상황을 공유하고 이해를 구했다"라고 말했다.

사실 에이브럼스 사령관이 공격적인 군인인데도 불구하고 결국 박 의장의 1등 팬이 됐는데 그 이유는 박 의장 재임기간 동안 놀랍게도 연합사령관과 무려 170여 회의 직접 소통의 시간을 갖는 노력을 했기 때문이다.

그밖에도 박 의장은 2019년 10월 국감에서 북한이 파괴했다는 풍계리 핵실험장에 대해 "3, 4번 갱도는 보수해서 쓸 수 있다고 생각한다"며, "복구에 수주, 수개월 소요될 것"이라고 밝혔다.

문재인 정부는 "풍계리는 폐기됐다"며 북한을 대변했으나, 박한기

제복은 영원한 애국이다

의장은 북한 핵실험장 폐기의 기만된 의도를 국민에게 알렸고, "우리의 주적은 북한이다"라고도 명확히 했다. 또한 그의 임기말에는 장관제의를 받았으나 고사하기도 했다.

한편 지난 2020년 5월 수도방위사령관에 당시의 9.19군사합의를 주도했던 국방부 대북정책관인 김도균(육사 44기) 육군 소장이 발탁됐고, 청와대 국방개혁비서관에 파격적으로 5군단장을 마친 안준석(육사 43기) 육군 중장이 임명됐다.

그런데 당시 수방사령관 김선호(육사 43기) 육군 중장은 이보다 먼저 국방개혁비서관 보직 제의를 받았으나 고사했다.

그 이유는 의전상 차관급인 현역 중장이 1급인 청와대 비서관으로 가면 일반공무원들은 장군의 직급과 권위를 전보다 낮춰볼 수 있기 때문이었다. 그는 이런 상황을 참모총장에게 보고하고 정상적으로 인사가 이루어지길 건의했으나 관철되지 않아 전역을 선택했다.

또한 2018년 100기무부대장 민병삼(육사 43기) 대령은 "송영무 장관은 계엄검토문건이 수사할 만한 사안이 아니라 해놓고 그런 말 한 적이 없다고 거짓말을 하고 있다"고 국회에서 증언했다.

그는 "진실이 진실이 되는 것이 아니라 살아있는 권력이 말하는 게 곧 진실이 될까 봐 우려스럽다"는 말을 남기고 전역지원서를 제출했다.

이러한 사실을 비추어 볼 때 비록 문재인 정부에서 상급 명령에 의해 근무했지만 박한기 전 의장, 김선호 수방사령관, 민병삼 기무부대장 등을 비롯한 많은 군인들이 맡은 바 소임을 다하며 소신껏 국가안보를 위해 역할을 다했다고 볼 수 있다.

이러한 숨은 인재들이 국방분야에서 묵묵히 최선을 다하고 있다는 것을 상기할 때 군은 존중받아야 한다.

우리 국민들도 이런 정직한 참군인들이 아직도 많이 존재한다는 사실을 알고 있다고 믿으며, 이런 인재들이 공정과 상식이 통하는 사회에서 국가 발전을 위해 헌신하길 기대한다.

내부 갈등을 뛰어넘어 북핵과 무역분쟁 대응에 힘을 모아야

문재인 정부, 적폐수사를 주도한 검사들은 대부분 승진하거나 유임, 6.13지방선거로 민심은 또 다시 '적폐'를 심판, 현존하는 정치 권력, 이제 '적폐청산'을 청산할 때

문재인 정부가 가장 먼저 시동을 건 적폐수사를 주도한 검사들이 검찰 고위직 인사에서 대부분 승진하거나 유임되었다.

그동안 관행처럼 남용된 권한에 대해 제대로 된 법 규정이 없어서 범죄 사실을 입증하는 데 많은 어려움 속에서도 많은 성과를 갖게 한 노고는 충분히 보상해 주어야 한다고 생각된다.

또한 현 정권이 들어선 지 이제 1년이 넘어가는 시점에 우리 국민들도 2018년 6.13선거를 통해 적폐세력과 두둔세력에 대한 엄중한 심판을 내려 보수세력은 거의 전멸하였다.

현재 적폐세력으로 낙인찍힌 그들 대부분은 재판을 받고 있거나 감옥에 수감되어 있다.

그동안 그들은 살면서 한 번도 경험하지 못한 어려움과 충격으로 벌을 받고 있다고 생각할 수도 있다. 하지만 나라를 제대로 운영하지 못한 책임에 대해서는 그 정도의 처벌로는 아직 부족하다고 생각하는 국민도 있다.

하지만 "이 적폐의 소용돌이를 다음 국회의원 선거 때까지 이어갈 계획인가?" 하고 걱정하는 국민들도 있다.

국민들은 2018년 6.13지방자치단체장 선거를 통해 현 정권에 대한 믿음과 기대를 충분히 보여주었다. 때문에 이제부터는 현 정권의 국정 운영의 불만이나 미흡한 부분에 대해 적폐 때문이라는 변명을 하기 어려워졌다.

진보와 보수의 양 바퀴가 조화 이뤄 북핵과 무역분쟁 파고에 대응해야

이제는 과거에 머물러 있을 때가 아니다. 하루하루 먹고살기도 힘든 국민들이 점차 늘고 있고, 급변하는 동북아시아의 핵과 무역 분쟁

제복은 영원한 애국이다

등은 현 정권의 힘만으로는 해결하기 매우 힘겨운 실정이다.

지금은 우리끼리 싸울 때가 아니다. 모든 국민이 하나가 되어 외세의 어려움을 이겨 나가야 할 때이다.

과거 정권의 잘못은 법에 모든 것을 맡기고 일상으로 돌아가야 한다. 전 정권의 잘못으로 대한민국을 이끌고 가야 할 한 축인 보수가 너무 멍들어 있다.

보수와 진보 양 바퀴가 조화롭게 굴러가 마차가 튼튼할 때 안정된 국정운영과 강력한 외교정책을 구사할 수 있다.

지금의 세계는 적도 아군도 없는, 자국의 이익이 된다면 어떤 명분도 필요 없는 시대이다. 그동안 트럼프의 발언이 증명을 해주고 있다.

이제는 진부한 내부 갈등을 뛰어 넘어 북한 상황과 국제적 변화에 능동적으로 대응하기 위해 국민 모두의 힘을 모아야 할 시기이다.

시궁창 속에서 피어나는
옥잠화를 기다리는 국민들

국민을 현혹시키는 감언이설보다는 국민의 4대의무 준수를 포함한 정상적이고 정직한 인물을 선택해야…

옥잠화는 30cm 미만으로 자라고 여름에 꽃이 피며, 꽃은 하루만 피었다가 시드는 1일화이다. 엽병의 중앙이 부풀어 마치 부레와 같이 되면 수면에 뜨기 때문에 부레옥잠화라고도 한다.

열대 또는 아열대 아메리카가 원산지인 수생식물로 논이나 연못에서 자란다. 한 번 심으면 오랫동안 사는 다년생 수초로 오염된 물에서도 수질을 정화시키며 아름다운 꽃을 피워 국민들의 많은 사랑을 받고 있다.

제복은 영원한 애국이다

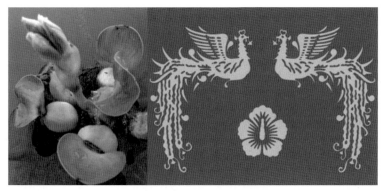

연못에서 갓 피어난 부레 옥잠화와 대통령 상징기 모습 (사진-김희철/청와대)

온 국민의 관심사인 대한민국 제20대 대통령 선거가 2022년 3월 9일 치러졌고, 문재인 대통령 임기는 5월 9일에 만료되고 윤석열 대통령이 취임했다.

당시 대통령선거일 171일 전 즈음인 신축(辛丑)년 추석의 분위기는 이미 7월부터 본격적인 선거 일정이 시작되어 예비후보들은 각자의 공약을 발표하면서도 서로 치열하게 헐뜯는 난장판이 벌어졌다.

시궁창 정치판 속에서 피어날 차기 대통령은 '옥잠화' 같은 역할 수행해야

나라의 최고 지도자인 대통령을 선출하는 선거 일정이 6개월 남짓

밖에 남지 않았던 그때 여야 각 당에서 치열하게 전개되는 예비후보들의 토론과 행태들이 국민들을 짜증나게 만들었다.

조국 사건, 줄리 관련, 검사 고발사주, 대장지구 사업 등의 의혹 이슈로 상호 고발과 비난은 물론 배신과 음모와 권모술수가 난무하고 망발의 내로남불과 마타도어까지 말 그대로 시궁창 정치판이었다.

게다가 국가의 최고 지도자가 될 후보자들이 우선 국방, 근로, 교육, 납세 등 국민의 4대 의무를 당당하게 준수하고 출마 선언을 한 것이 아니라 국방의무마저도 이 핑계 저 핑계로 제대로 다 하지 못한 상태에서 대통령 후보로 출마한 것부터가 문제이다.

초대 이승만부터 19대 문재인까지 12명의 대통령 중 국민 4대 의무 중 첫 번째인 국방의무를 과반수도 안 되는 5명의 대통령만이 제대로 이행했다.

8.15광복 이후 정상적인 국방의무를 준수할 대상이었던 대통령 중에 박정희, 전두환, 노태우는 육군 장교로 입대하여 장성이 되어 전역 후 정계로 입문했고 노무현, 문재인은 병장으로 제대하며 의무를 다했다.

반면에 최규하는 1946년부터 1년간 미군 육군사령부 군정청 중앙식량행정처 기획과장(서기관 상당)으로 근무하다 농림부로 이동해 공무원 생활을 했고, 김영삼은 1951년 2월 잠시 국방부 정훈국 대북방송 담당원을 하다가 그해 바로 국회부의장(장택상) 비서관으로 옮겨 정치활동을 했다.

제복은 영원한 애국이다

초대 이승만부터 19대 문재인까지의 역대 대통령 모습 (사진-연합뉴스/김희철)

김대중 본인은 6·25남침전쟁 당시 목포 해상방위대에 복무했다고 하나 해군본부에서는 자료가 없어 확인이 불가하다고 답변했고, 이명박은 고려대 총학생회장으로 활동하다 구속되어 3년형에 5년 집행유예를 선고받아 병역미필자가 되었다.

대한민국 정부 수립 73년이 넘어가는 이번 대선에서는 우리 국민

들은 대통령 후보들의 국민의 4대 의무 준수 여부를 반드시 확인하여
지지를 표명하는 것이 국가의 정상적인 발전과 국민들이 보편타당하
고 행복한 삶을 보장받는 길이라 여겨진다.

공약(空約)이 아닌 공약(公約)이 되기 위해서는
감언이설(甘言利說)보다는 정직함을 골라야

국어사전에 따르면 공약(公約)이란 정부, 정당, 입후보자 등이 어떤
일에 대하여 국민에게 실행할 것을 약속함이나 법률의 공법에서 '계
약'을 이르는 말이라고 정의되어 있다.

선거공약(選擧公約)이란 "선거 운동을 할 때 정당이나 입후보자가
유권자들에게 제시하는 공적인 약속, 일반적으로 당선 후에 실천하겠
다는 시책에 관한 것"이며, 반면에 공약(空約)은 "헛되게 약속함"이라
고 한다.

헌정사 최초로 탄핵당한 박근혜 전 대통령의 뒤를 이어 문재인 대
통령이 대한민국 19대 대통령의 자리에 올랐다.

그러나 이른바 '촛불혁명'으로 탄생한 문재인 정부에 대한 참여연
대, 새시대 희망언론 등의 조사에 따르면 집권 후반기에 접어든 문재
인 정부의 공약 이행률은 2020년 12월 당시의 기준으로 박근혜 정부
보다 낮은 13.9%로 역대 최저치를 기록했다. 헌정사 최초로 탄핵당한

제복은 영원한 애국이다

박근혜 전 대통령의 4년간 공약 이행률인 42%에도 훨씬 못 미치는 수치다. 역대 정부의 공약 이행 비율은 김대중 정부가 18.2%, 노무현 정부 43.3%, 이명박 정부는 39.5%로 나타났다. 우리 국민들은 이처럼 국민들을 현혹시키는 감언이설 공약(空約)이 아닌 입에 쓴 진짜 약처럼 실현 가능한 공약(公約)을 부르짖는 정직한 후보를 기다린다.

또한 박정희, 전두환, 노태우 정부는 군사행동으로 집권한 정권이라면 이승만, 윤보선, 최규하, 김영삼, 문재인 정부는 정부 수립과 정변의 과도기, 민주화 운동 등으로 창출된 정권이다. 이런 차이와는 무관하게 많은 역대 대통령들은 비극을 겪었다. 친인척들이 부패 및 권력남용으로 구속되거나 본인이 죽거나 감옥에 갔다.

정부가 수립된 지 75년이나 지나가는 작금에 이르러서는 국가 최고지도자는 정상적인 가정에서 정상적인 교육을 받고 정상적으로 국민의 의무도 준수하는 정직한 인물이 선출될 시기로 성장했다고 확신한다.

그래서 국민들은 앞으로의 대통령, 국회의원 및 지자체장 선거에서 각종 의혹 이슈로 상호 고발과 비난은 물론 배신과 음모와 권모술수가 전개되고, 망발의 내로남불과 마타도어까지 난무하는 시궁창 정치판을 정화시켜 줄 옥잠화 같은 대통령과 정치인들이 나오길 간절히 기대한다.

제2장

북핵위협과 대응

"평화로 도망치면 망하고 전쟁을 각오하면 평화 찾아와"

역사는 반복된다. 중국 역사상 슈퍼 부국이었던 송나라는 전쟁을 회피하기 위해 계속 도발하는 금나라와 화친에만 몰두한 나머지 전쟁에 나서면 항상 승리하는 명장 악비까지 죽이며 전쟁을 방지하려 했지만 결국 멸망했다.

조선시대 이율곡 선생이 10만양병설을 주장하며 국방력 강화를 외쳤으나, 당파싸움 끝에 일본에 간 통신사의 의견도 제대로 반영 못하고 전쟁을 대비 못하다가 임진왜란, 정유재란 등으로 엄청난 피해를 입었다.

카네기 국제평화단이 발간하는 〈세계의 전쟁〉이라는 자료에 따르면 기원전 1496년부터 약 3357년간을 분석한 결과 평화기간은 227년이고 전쟁기간은 3357년이었다고 한다. 마키아벨리도 "결코 전쟁을 피할 수는 없다. 단지 한 쪽의 이익을 위해 연기되고 있을 뿐"이라고 했다.

손자병법에 "무시기불공 시오유소 불가공야(無恃其不攻 恃吾有所 不可攻也)"라는 글귀가 교훈이다. '적이 침공하지 않을 것이라는 판단을 믿지 말고, 적이 감히 공격할 엄두를 내지 못할 정도로 대비 태세를 갖춰라'라는 뜻이다.

우리 전 국민이 전쟁을 회피하려 전전긍긍할 때 송나라나 임진왜란처럼 전쟁은 반드시 일어난다. 하지만 "그래 한번 덤벼봐라"하고 싸울 것을 각오하고 전쟁을 대비하면 전쟁은 일어나지 않는다.

한 전역 장성은 북핵사태로 인한 한반도 전쟁위기에 대한 대책과 관련해 '필사즉생 필생즉사(必死則生 必生則死)…!'라고 말하며 "국가 멸망의 위기에서 나라를 건져 올린 이순신 장군의 명언이 다시 한번 가슴을 때린다고 강조했다.

서울 상공에 핵폭발 시 핵 피해보다
EMP 공격 피해가 더 무서워

윤 대통령과 바이든 대통령은 '한미동맹 70주년 기념
한미 정상 공동성명'과 '워싱턴 선언' 발표

한국 대통령으로는 12년 만에 미국을 국빈 방문한 윤석열 대통령
은 2023년 4월 26일 조 바이든 미국 대통령과 한미 정상회담을 했다.

이후 공동기자회견에서 윤 대통령과 바이든 대통령은 '한미동맹
70주년 기념 한미 정상 공동성명'을 통해 70주년이 되는 한미동맹이
가장 성공적인 동맹이라는 점에 동의하면서 한미동맹을 글로벌 포괄
적 전략 동맹으로 확장시키자는 데 공감대를 이뤘다.

또한 윤 대통령은 '워싱턴선언'에서 "북한의 핵·미사일 위협에 직

면해 상대방의 선의에 기대는 가짜 평화가 아닌 압도적인 힘의 우위를 통한 평화를 달성하기 위해 양국 간 확장억제를 획기적으로 강화하기로 했다"라고 밝혔고, 주요 내용은 핵·미사일 위협에 대비하는 핵협의그룹(NCG) 설립 등이다.

우리는 막연하게 1945년 히로시마 원폭 피해를 통해 핵폭발의 위력을 추정하고 있다. '워싱턴 선언'에서 북한의 핵·미사일 도발에 대응하는 방안을 제시했지만, 만약 대한민국에 핵탄두가 폭발한 상황이 발생하면 어떠한 피해가 발생하는가를 정확히 알고 대비해야 한다.

서울 시청 800m상공 핵폭발 시뮬레이션 결과 반경 5㎞ 직접 피해, 53만 명 사상

북한이 지난 3월 19일 동해 상공 800m에서 모의 핵탄두 폭파에 성공했다고 주장했다. 그럼 실제로 북한이 20kt의 핵탄두를 탑재한 핵 미사일을 서울 상공으로 발사하면 어떻게 될 것인가?

마침 조선일보가 미 스티븐스 공대의 앨릭스 웰러스타인 교수가 개발한 시뮬레이션 프로그램인 누크맵(Nukemap)을 이용해 지난 3월 21일 핵폭발 결과 자료를 뽑았다.

누크맵은 주요 싱크탱크들이 핵무기 폭발 결과를 추정할 때 사용한다. 20kt 위력의 핵폭탄이 서울 상공 800m에서 폭발한 상황을 가정

제복은 영원한 애국이다

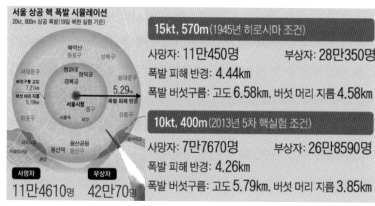

서울 상공 핵 폭발 시뮬레이션 결과 (사진-조선일보)

해 시뮬레이션했을 때 세부 결과는 다음과 같다.

시청을 중심으로 용산구 대통령실(3.6㎞)이 포함된 반경 5.29㎞ (87.8㎢)가 핵폭발의 직접적 피해권에 들어가는 것으로 나타났다.

이 일대에는 높이 7.21㎞의 거대한 버섯구름이 치솟으면서 시청 중심으로 반경 100m, 깊이 30m의 움푹 파인 분화구가 생기고 그 안의 모든 건물이 파괴되는 등 초토화됐다.

정부종합청사, 명동 등이 포함되는 반경 1.16㎞ 이내는 피폭 1개월 내에 사망하는 수준의 치명상을 입는 인명 피해가 발생했다. 용산구 후암동, 남산타워 등이 들어가는 반경 2.12㎞에 있는 사람은 3도 화상과 신체 일부를 절단해야 하는 부상을 입었다.

이를 종합하면 대통령실과 국방부, 합동참모본부가 지도상에서 없어지는 수준이고, 용산구 내 학교와 아파트 등을 포함한 반경 1.91㎞

이내 지역도 건물 붕괴와 핵폭발에 따른 화염 피해에 직접 노출됐으며, 사망자는 11만 4610명, 부상자는 42만여 명으로 총 53만 4600여 명의 사상자가 발생하는 것으로 추정했다.

북 '핵 EMP탄' 고고도 폭발 시 한반도 남한은 물론 미 본토까지 피해 발생 예상… 전자기펄스(EMP) 공격 시에 미사일을 요격할 스탠다드미사일-3(SM-3)체계 완벽 구축 필요

지난 2013년 북한의 5차 핵실험 당시 폭발력은 10kt이었다. 10kt의 최대 살상력 고도는 400m로 추정되는데 이 수치를 누크맵에 넣으면 폭발에 따른 직접적 피해 반경도 4.26㎞에 달했으며 7만 7600여 명이 사망하고, 26만 8590명의 부상자가 발생하는 결과가 나온다.

1945년 히로시마 원폭 때처럼 15kt급이 서울 상공 570m에서 터지면 사망자 11만 450명, 부상자 28만 350명의 피해로 추산됐다. 북한은 핵실험을 여섯 번 했는데 여섯 번째 수소탄 실험의 경우 폭발력이 100~300kt에 달했던 것으로 예측됐다.

핵폭탄은 파괴, 살상 범위를 극대화하기 위해 공중에서 터뜨리는 것이 일반적이다. 2022년 1월의 북한판 이스칸데르(KN-23) 단거리 탄도미사일 발사 시험도 공중 핵폭발 연습이었다.

국제원자력기구(IAEA) 사무차장을 지낸 올리 하이노넨 스팀스센터

2022년 1월 북한의 탄도미사일 발사와 공중폭발 장면(사진−동영상 캡처/연합뉴스)

특별연구원은 "공개된 사진을 볼 때 미사일이 목표물에 도달하기 전에 공중에서 폭발한 듯하다"며 "북한이 선택한 고도에서 탄두를 폭발시키는 기술을 습득했다면 또 하나의 중요한 한계점을 넘은 것"이라고 평가했다.

국가의 운명을 도외시하는 행보를 틀어막을 대책이 필요하고 국가적 역량을 모을 때

한편, 국방과학연구소(ADD) 연구진은 지난 2021년 11월 개최된 '한국군사과학기술학회(KIMST) 종합학술대회'에서 고도 60~70km에서 핵무기가 폭발할 경우에는 한반도 남한 영역이 고고도 전자기펄스 (HEMP) 영향 반경에 들어가고, 고도 400km에서 핵폭발 시에는 미국의 동쪽 및 서쪽 국경이 모두 고고도 전자기펄스 영향 반경에 포함된다고 발표했다.

연구진은 이렇게 되면 "위성체계 영향으로 지상의 전력 통신망이 파괴 및 손상돼 위성체 통제권은 상실되고, 쉽게 설명하면 모든 전기와 통신이 끊기는 '블랙아웃' 사태가 발생한다"고 지적했다.

이러한 '블랙아웃' 사태에서는 군의 무기와 장비를 비롯한 모든 정부 기능이 마비되고, 고층 아파트의 전기, 급수가 차단되며 엘리베이터가 멈춰 주민이 갇히고, 모든 교통신호가 꺼지며 차량, 지하철이 엉키는 교통대란이 일어난다. 또한 원자력 발전소의 전기가 끊겨 방사선이 누출되는 등 최악의 대공황 상태로 엄청난 피해가 발생해 지옥 같은 상황이 된다고 설명했다.

북핵은 이미 완성돼 고도화되고 있다. 전문가가 수두룩한 군이 핵폭발 시 핵 직접피해보다 EMP 공격 피해가 더 크다는 사실을 모를 리없다. 물증과 정황 증거가 넘쳐나는데도 지난 정부에서 일부는 이를 모른다며 무시했다. 이는 적의 위협으로부터 국민을 지킬 의무를 제대로 수행하지 못하는 것이니 무능하며 군복을 입을 자격조차도 없다는 비난을 피하기 어렵다.

대한민국 국군이 보호해야 할 것은 정권 '심기'가 아니라 국민의 생명과 재산, 그리고 자유이다. 따라서 우리 군은 북한의 고고도 핵폭발을 통한 전자기펄스(EMP) 공격을 요격할 수 있는 유일한 대공미사일인 스탠다드미사일-3(SM-3) 체계 도입과 함께 EMP 방호시설을 하루빨리 완벽하게 구축해야 한다.

SM-3 도입 시 우리나라에 사드가 배치될 당시 미국의 포위전략이라며 강하게 반발했던 중국은 이번에도 EMP에 대비한 SM-3가 한반도 방어에만 국한되지 않기 때문에 민감한 반응을 보이며 여러 이유 등 꼬투리를 찾아내 이슈화해 도입을 방해할 것으로 보인다.

하지만 우리가 SM-3 도입을 추진하는 이유는 일차적으로 북한의 탄도미사일에 대한 대비이지만, 중국이 한반도를 겨냥해 둥펑 등 탄도미사일 수백 기를 배치해 놓고 여차하면 군사적 힘으로 대한민국을 위협하는 수단을 통제하기 위한 이유도 있기 때문이다.

이와 관련, SM-3 도입 1발 당 가격이 200억 원 이상으로 예상됨에 따라 도입 비용을 둘러싼 논란이 심화되고, 친중파 정치권을 비롯한 국내 친중 인사들의 노골적인 반대도 거세질 것이다.

그럼에도 불구하고 북한 핵탄두가 대한민국을 정조준하는 지금, 사실 은폐 및 간과는 진정으로 국가와 국민을 위하는 것이 아니다. 지금은 턱밑까지 올라온 북한의 비수가 얼마나 위험한지 소상히 설명하고, 이에 대응하기 위해 국가의 운명을 도외시하는 행보를 틀어막을 대책이 필요하고 국가적 역량을 모을 때이다.

따라서 북한의 핵·미사일 도발에 대비한 확장억제를 획기적으로 강화하는 등 더욱더 공고한 한미동맹을 이루는 가운데 핵도발에 대한 대비 뿐만 아니라 치명적인 EMP 공격에 대한 방호력 보강에도 관심을 기울여야 한다.

북 핵무장 속도전과 남 사드 배치 논란의 함의(含意)

김정은 1인 독재체제인 북한, 11년 만에 치명적 공격무기 '핵탄두' 완성단계, 다원주의 토대로 한 민주주의 체제인 한국, 방어무기인 사드 배치 두고 계속 갈등 중

북한의 핵무장 속도전이 무서운 가속도를 내고 있다. 2006년 1차 핵실험(진도 3.9)을 시작으로 2016년에는 두 차례(진도 4.8, 5.0) 핵실험 끝에 2017년 9월 3일 제6차 핵실험(진도 5.7~6.3)으로 완성단계에 접어들었다.

반면에 휴전선 건너편에는 다른 풍경이 펼쳐지고 있다. 2017년 9월 7일 새벽 성주군 소성리 마을회관 앞에서는 치열한 전쟁이 있었다.

사드 배치를 반대하는 시민단체와 성주 주민들이 7일 오전 경북 성주군 초전면 소성리 마을회관 앞에서 문재인 정부에 대해 항의하는 기자회견을 하고 있다. (사진-연합뉴스)

사드 추가 배치를 반대하는 주민과 시민단체 400여 명이 참외와 물병을 던지고 있었고 전국에서 집결한 경찰 8000명은 반대 집회 참가자들을 해산시키고 있었다.

이런 국론 분열 속에서 2017년 3월 사드 2기가 최초 배치됐다. 장비가 국내로 반입된 지 6개월 만인 9월 7일 8시 22분께 잔여 4기와 발사대, 시설 공사를 위한 장비와 자재를 실은 차들이 성주기지에 들어갔다.

상층고도(40~150km)에서 미사일을 요격하는 시스템인 사드체계는 우리 군이 2020년 초반까지 구축하게 되는 하층고도(40km) 이하의 한국형 미사일 방어체계(KAMD)와 중첩방어를 담당하여 한국형 3축

제복은 영원한 애국이다

체계(Kill-Chain, KAMD, KMPR)를 이루게 된다.

하지만 미군의 사드 1개 포대 구성이 6개월 만에 마무리됐지만 앞으로도 중국과 국내 반대세력들에 의해 정치, 사회적 논란 및 갈등이 크게 불거질 것이 예상된다.

이런 갈등은 총사업비 1조 765억 원이 투입된 제주민군복합항(해군기지 포함) 건설이 대표적인 사례이다. 2005년 3월에 기본 계획이 수립되어 공사를 시작했지만 평화와 환경이라는 이름을 앞세운 외부 세력이 개입되면서 강정마을 인심은 갈렸다.

공사는 14개월이 지연돼 2015년 2월에나 준공식을 했다. 공사비 가운데 약 40%인 4000여억 원이 지역 건설 업체로 들어가 지역경제 활성화에 기여했으나 공사 방해 시위로 지연되면서 275억 원의 추가 비용이 발생되어 현재도 소송 중이다.

주한 미군기지의 평택 이전 과정에서도 시민단체와 일부 주민의 사업 반대로 사업은 3년 6개월이나 지연됐다. 이로 인해 사회적 비용 손실은 537억 원으로 추산됐다.

KTX고속철도 대구 부산 구간 천성산터널 공사는 "늪지 파괴로 도롱뇽 서식지가 없어지고, 지하수도 고갈될 것"이라는 환경단체의 반대로 1년 4개월간 공사가 중단됐다. 공사 뒤 오히려 더 많은 늪이 형성됐고 도롱뇽의 서식지도 보존된 것으로 확인됐다.

이제 이런 소모적 논쟁과 갈등에서 벗어나야 한다. 북한 핵개발 위협을 직시하고 대비해야 한다.

지난 4월 인도양을 통과해 동해로 가고 있는 미국 항공 모함 USS 칼 빈슨호 ⓒ 뉴스투데이

한국은 다원주의를 토대로 민주주의를 정착시킨 국가인 데 비해 북한은 공산당 1당, 아니 김정은 1인 독재라는 전체주의 체제이다. 인간의 삶의 질은 민주주의 체제에서 고양되지만, 전시에는 전체주의가 더 효율적일 수 있다는 데 함정이 있다.

북한과 한국의 북핵 계산법은 '산적'과 '나그네'의 딴소리를 닮아, 워싱턴의 외교당국자들의 유화 제스처에 안심하기 어려워

산길에서 산적이 칼을 들고 나그네를 죽이고 휴대폰 등 소지한 재물을 모두 뺏을 건지, 아니면 인질로 잡아 집에 있는 재물까지 뺏을

제복은 영원한 애국이다

건지 고민하고 있었다. 나그네는 '주머니에 있는 돈만 조금 주면 괜찮겠지…'라고 생각하고 있는 상황이다. 북한과 한국의 속마음은 이처럼 완전히 딴판인지도 모른다. 물론 산적은 북한이고 나그네는 한국이다.

6·25남침전쟁 이후 줄곧 핵개발을 추진해온 북한은 비핵화를 선언한 노태우, 김영삼, 김대중, 노무현 등 한국 대통령들을 화전 양면전술로 기만하며 슬프고 안타까운 블랙코미디를 연출해온 것이다. 그리고도 현재까지 핵개발 저지 실패를 통감한 대통령은 한 명도 없다. 이 나라가 어디로 가게 될 것인지 정말 개탄스럽다는 지적이 거세지는 추세이다.

2017년 9월 3일 북한 6차 핵실험 이후 인터넷을 중심으로 '9월 9일 전쟁설'이 퍼졌다. 북한의 정권 수립일인 9·9절에 미국이 북한을 공습한다는 것이 소문의 골자다. 소문에 따라 시중에는 금값이 폭등하고 있다. 그러나 정부 당국자와 전문가들은 "한반도 위기가 고조될 때마다 되풀이된 북폭설의 하나일 뿐"이라며 "미국이 전쟁을 개시할 조짐은 없다"고 말했다.

그 이유로는 우선 미국이 단기적으로 북한을 초토화하려면 최소한 2개 이상의 항모전단이 한반도 근처로 와야 하고 20만 명이 넘는 주한미군부터 소개시켜야 한다. 그런데 그런 움직임은 전혀 없기 때문이라고 했다.

특히 미국 스스로 당장 전쟁을 할 뜻은 없다는 사실을 분명히 하고 있다. 워싱턴의 군사 및 외교 당국자들은 군사적 옵션도 검토하지만 "외교적 구상을 지속적으로 추진할 것", "곧 폭격할 나라면 경제 제재 안을 만들기 위해 중국, 러시아와 저런 신경전을 벌일 이유가 없다" 등등의 유화 제스처를 쏟아 내기도 한다.

한 전역장성, "평화로 도망치면 망하고 전쟁을 각오하면 평화 찾아와" 조언

역사는 반복된다. 중국 역사상 슈퍼 부국이었던 송나라는 전쟁을 회피하기 위해 계속 도발하는 금나라와 화친에만 몰두한 나머지 전쟁에 참가하면 항상 승리하는 명장 악비까지 죽이며 전쟁을 방지하려 했지만 결국 멸망했다.

조선시대 이율곡 선생이 10만양병설을 주장하며 국방력 강화를 외쳤으나, 당파싸움 끝에 일본에 간 통신사의 의견도 제대로 반영 못하고 전쟁을 대비 못하다가 임진왜란, 정유재란 등에 의해 엄청난 피해를 입었다.

카네기 국제평화단이 발간하는 〈세계의 전쟁〉이라는 자료에 따르면 기원전 1496년부터 약 3357년간을 분석한 결과 평화기간은 227년이고 전쟁기간은 3357년이었다고 한다. 마키아벨리도 "결코 전쟁을 피할 수는 없다. 단지 한 쪽의 이익을 위해 연기되고 있을 뿐"이라

제복은 영원한 애국이다

고 했다.

손자병법에 "무시기불공 시오유소 불가공야(無恃其不攻 恃吾有所 不可攻也)"라는 글귀가 교훈이다. '적이 침공하지 않을 것이라는 판단을 믿지 말고, 적이 감히 공격할 엄두를 내지 못할 정도로 대비 태세를 갖춰라'라는 뜻이다.

우리 전 국민이 전쟁을 회피하려 전전긍긍할 때 송나라나 임진왜란처럼 전쟁은 반드시 일어난다. 하지만 "그래 한번 덤벼봐라"하고 싸울 것을 각오하고 전쟁을 대비하면 전쟁은 일어나지 않는다.

한 전역 장성은 북핵사태로 인한 한반도 전쟁위기에 대한 대책과 관련해 '필사즉생 필생즉사(必死則生 必生則死)...!'라고 말하며 "국가 존망의 위기에서 나라를 건져 올린 이순신 장군의 명언이 다시 한번 가슴을 때린다고 강조했다.

북핵 인정 및 평화협정 체결이
한미동맹 폐기 수순인 까닭

**문재인 대통령의 전작권 환수 발언, 자주국방 염원 반영했지만
문정인 발언으로 빛바래**

2017년 9월 27일 문정인 특보는 "B-1B의 NLL 비행 등으로 북미 간 우발적, 계획적 충돌이 일어날 것이 우려된다"고 말하며 "한미동맹이 깨져도 전쟁은 안 되며 북한의 핵무기 능력을 인정해야 한다"는 뜻의 발언으로 국민들을 불안하게 만들었다.

다음날 평택 제2함대사령부에서 열린 제69주년 국군의 날 기념식에서 문재인 대통령은 다음과 같이 말했다.

"전작권 환수는 궁극적으로 우리 군의 체질과 능력을 비약적으로

제복은 영원한 애국이다

문재인 대통령이 2017년 9월 28일 경기도 평택 해군 제2함대사령부에서 열린 건군 69주년 기념식에서 '한국형 3축 체계'의 도입 필요성을 강조하고 있다.(사진-국방부)

발전시킬 것이며, 우리가 전시작전권을 가져야 북한이 우리 군을 더 두려워하고 국민은 군을 더 신뢰하게 될 것이다"

문 대통령의 기념사는 근본적으로 동의하고 그러한 능력을 우리 군이 갖는다면 박수를 보낼 일이다.

국방부는 "당초 2020년대 중반을 목표로 전작권 전환을 추진해 왔지만, 이를 최대한 앞당기기로 했다"며 전작권 조기 전환을 위해 3단계 로드맵을 세워 실행에 착수했다.

1단계는 한국이 연합사를 주도하는 기반체계를 구축, 강화하는 시기로 2018년까지 완료한다. 2단계는 2019년부터 한국이 사령관을 맡는 미래사령부를 신설하여 운영능력을 확충하는 단계가 시작된다. 3단계는 2020년 초까지 연합사와 합참 지휘기능을 미래사령부로 이

전하고 Kill Chain 등 '한국형 3축체계'를 조기에 구축하는 단계이다.

문 대통령이 강조했으나 실질적으로 완벽하게 추진되길 기원하고 기대한다. 정말 꿈같은 단계로 이것이 완료되면 자주국방에 한걸음 더 다가서고 국민들도 전폭적인 신뢰를 보낼 수 있다.

한데, 63만 우리 군과 국민들에게 자주국방의 꿈을 심어주는 국군의 날 기념사는 전날 문 특보의 발언으로 이미 빛바랜 상태였다.

중국이 당나라 멸망 후 여러 나라로 쪼개져 혼란에 빠져 있을 때 5대10국 중 후주의 장군 조광윤은 960년 송나라를 세우고 황제 자리에 올랐다. 중국을 통일한 송나라는 "무인을 그대로 두면 언제 또다시 황제를 위협할지 모른다"며 무인보다 문신을 지나치게 우대한 나머지 군사력이 약해지고 말았다.

심지어 요나라와의 전쟁에서 패배한 대가로 매년 은 10만 냥과 비단 20만 필을 보내야 했다. 1115년 건국한 거란의 금나라와의 전쟁에서는 강화파 재상 진회의 잘못된 간언에 따라 주전파 악비 장군을 전승하는 전장에서 불러들여 처형하고 평화 화친 정책을 추진했지만 금나라의 화전양면 전략에 속았다.

결국 1127년 수도 개봉이 피탈되어 항저우로 도읍을 옮기고 남송 시대를 열었지만 금나라의 신하국이 되어 매년 은 25만 냥과 비단 25만 필을 공납해야 했다. 종국에는 1274년 원나라의 공격으로 송나라는 2년 뒤인 건국 316년 만에 역사 속에서 완전히 사라지게 되었다.

국가 간의 전쟁과 전략에서 인의(仁義)보다 국가의 이익(利益)이 더

제복은 영원한 애국이다

중요하고 생존의 필수 조건이다.

지금 북한은 핵과 화학무기, 미사일 등 비대칭 전력으로 우리나라와 전 세계를 위협하고 있다. 한국을 완전 무시한 채 미국과의 협상력을 높이기 위해 핵실협과 ICBM 개발을 계속해왔고 현재 거의 완성단계에 와있다.

일부 여론 반대하는 사드 배치는 3축체계의 핵심인 KAMD(한국형미사일방어) 강화수단

반면, 우리는 독자적으로 공포의 균형을 맞출 수 있는 수단이 없는 상태이다. '한국형 3축체계'는 Kill Chain-KAMD-KMPR로 이루어진다. Kill Chain(킬체인)은 북한의 도발 징후가 포착되면 한국에 위협을 줄 수 있는 스커드, 노동 등 미사일기지와 북 지휘부를 선제타격하는 것이다.

KAMD(한국형 미사일 방어)는 사드, 패트리어트 등으로 한국으로 날아오는 미사일을 중간에서 요격하는 체계이다. KMPR(대량응징보복)은 북의 도발로 우리가 피해를 입으면 그의 몇 배에 달하는 화력과 전력으로 보복하는 체계이다.

한국형 3축체계가 조기에 구축되면 우리 자체로도 공포의 균형을 이룰 수 있어 일단은 대북 군사협상이 가능하나 이것은 바로 전면전이나 진배없다.

그런데 KAMD(한국형 미사일 방어)의 하나인 사드 배치도 님비현상(Not in my backyard)인 지역이기주의 행동으로 현재와 같이 정치적 합의가 어려운데 조기구축이 가능할까? 또 현 정부에서 3축체계 구축에 막대한 국방예산을 우선 투입할 수가 있을까? 문 특보의 발언과 문 대통령의 발언은 상충된다. 송나라 재상 진회와 송양지인(宋襄之仁)의 양왕을 보는 듯해 걱정이 앞선다.

북한이 의도하는 것은 명확하다.

태평양, 하와이를 넘어 사거리를 확인한 ICBM(대륙간 탄도 미사일)과 수소탄 등 핵이 완성되면 다음은 미국과 세계를 상대로 평화 협상을 재개할 것이고 자국의 이익에 우선한 주변국들은 당연히 그 공포의 위협에서 벗어나기 위해 대만을 버린 것처럼 한국도 버릴 것이 자명해 보인다.

북핵을 잠정적으로 인정하고 많은 피를 흘리는 대신에 평화협정을 체결하면 주한미군이 철수하며 한미동맹은 깨질 것이고, 다음은 한국이 1950년 에치슨 라인에서 제외되자 6·25남침전쟁이 발발한 것처럼 한반도는 또다시 전쟁 참화를 겪지 않는다고 누가 자신 있게 말할 수 있는가?

이제는 현실을 직시하고 마음의 각오를 다질 때이다.

손자병법에 "무시기불공 시오유소 불가공야(無恃其不攻 恃吾有所 不可攻也)"라는 글귀가 교훈이다. "적이 침공하지 않을 것이라는 판단을 믿지 말고, 적이 감히 공격할 엄두를 내지 못할 정도로 대비 태세를 갖춰라"라는 뜻이다.

우리 전 국민이 전쟁을 회피할 때 전쟁은 반드시 일어난다. 임진왜란과 병자호란이 그랬다. 역사를 돌이켜 볼 때 비겁한 평화는 없기 때문이다. 하지만 싸울 것을 각오하고 전쟁을 대비하면 전쟁은 일어나지 않는다는 의미를 명심하고 안보의식을 공고히 해야 한다.

김정은이 푸틴과의 정상회담 전에
신형 전술유도무기 사격시험 이유는?

2차 북미정상회담 결렬 이후 김정은의 첫 행보인 '수상한' 북러회담

김정은 위원장이 2019년 4월 하순 러시아를 방문한다고 크렘린궁이 4월 18일 공식 발표하면서 김 위원장의 2차 북미정상회담 결렬 이후 첫 해외방문 행선지는 러시아로 결정됐다.

블라디보스토크에서 4월 24~25일께 북러정상회담이 열릴 가능성이 큰 것으로 전해졌다.

유엔 안전보장이사회 상임이사국인 러시아의 세르게이 베르쉬닌 외무차관은 지난 5일 베를린에서 "안보리와 국제사회가 긍정적으로 판단하는 조처를 북한이 단행한다면 이는 제재 정책에 반영돼야 한다고 생각한다"고 말한 바 있다.

러시아는 또 북한이 생각하는 '단계적·동시적' 비핵화 방식에 대해서도 지지하고 있어 북한이 미국과 비핵화 협상을 재개하기에 앞서 공조를 과시할 파트너로 제격이라는 평가다.

김 위원장이 4월 11일 도널드 트럼프 미국 대통령과 만난 문재인 대통령의 정상회담 제안을 뒤로 하고 푸틴 대통령과 먼저 만나는 것은 최근 시정연설에서 밝힌 '장기전'에 대비한 '우군 다지기'의 성격이 강하다.

정상회담을 앞둔 김정은 국무위원장과 푸틴 대통령(사진제공-연합뉴스)

'단계적·동시적' 비핵화 방식 협조와 신형 전술유도무기 사격시험 강행한 북한의 욕망

김정은-푸틴 정상회담을 앞두고 북한 조선중앙방송은 2019년 4월 18일 "김정은 동지께서 4월 17일 국방과학원이 진행한 신형 전술유도무기 사격시험을 참관하고 지도했다"며 "사격시험에서는 특수한 비행유도 방식 등 우월하게 평가되는 이 전술유도무기의 설계상 지표들이 완벽하게 검증됐다"고 보도했다.

우리 합참의 한 관계자는 19일 국방부 정례브리핑에서 관련 질문에 "지상전투용 유도무기로 평가하고 있고, 탄도미사일로 보지 않는다"고 밝히고 "이는 한미가 공동으로 평가한 것이며 관련해서 구체적인 제원 등 정보 사안은 공개할 수 없다"고 말했다.

4월 17일 북한 국방과학원 야외 실험장에서 발사된 '신형 전술유도무기'는 한국과 미국의 장거리 레이더에는 포착되지 않았다. 미국은 첩보위성 등으로 발사 사실을 확인했으며, 비행고도와 탄착지점 등을 근거로 탄도미사일은 아니라고 판단한 것으로 전해졌다.

한편 우리 공군의 첫 스텔스 전투기 F-35A 2대가 3월 29일 오후 2시 청주 공군기지에 도착했다. 3월 24일 미국 애리조나 주에 있는 루크 공군기지에서 출발해 하와이 등을 거쳐 한국으로 이동했으며 이번에 도착한 F-35A는 우리 공군이 작년 말까지 미국 현지에서 인수한 6대 중 2대로 공군 자체 수령절차를 거쳐 4~5월께 전력화될 예정이다.

제복은 영원한 애국이다

F-35A는 다음 달부터 거의 매달 2대씩 국내에 도착해 올해 10여 대가 전력화될 것으로 알려졌다. 군의 한 관계자는 "2021년까지 우리 정부가 주문한 F-35A 40대가 모두 예정대로 전력화될 것"이라고 밝혔다.

F-35는 최대속력 마하 1.8로 전투행동반경이 1천93㎞인 공대공미사일과 합동직격탄(JDAM), 소구경 정밀유도폭탄(SDB) 등으로 무장한다. 특히 레이더에 탐지되지 않는 스텔스 기능 때문에 적 미사일을 탐지, 추적, 파괴하는 일련의 작전개념인 '전략표적 타격'의 핵심 전력으로 꼽힌다.

우리 공군은 첫 스텔스 전투기 F-35A 2대를 김정은의 눈치보며 조용히 도입했지만, 북한 노동당 기관지 노동신문은 지난 1월 20일 남측의 스텔스 전투기 F-35A 도입을 비판하며 "군사적 대결이 관계개선의 분위기를 망쳐 놓을 수 있다"고 비판했다.

또한 2018년 7월 미국 방산업체인 록히드마틴사는 미 공군의 고성능 스텔스 전투기 F-22 기체에 F-35의 전자기기를 탑재한 신형 전투기의 공동개발을 일본에 제안했고, 일본 정부 관계자는 "F-22와 F-35를 조합하면 세계 최고 수준의 전투기가 가능하다"고 기대를 나타냈다.

이 제안에는 F-35A 105대(40대는 일본에서 조립 생산)와 F-35B 42대를 미국에서 도입하는 내용도 포함돼 있으며 공동개발이나 기술 제공 등의 논의는 이전부터 있었던 사안이라고 일본 국방무관을 역임한

우리 공군이 도입한 첫 스텔스 전투기 F-35A(사진제공-국방부)

한 예비역 장군은 설명했다.

산케이신문은 최근 항공자위대에 배치된 13대의 F-35A 전투기 중 1대가 훈련 중 추락했지만, 방위성은 이 전투기와 F-35B의 조달비용을 내년도 예산 요구안에 편성하는 방안을 검토한다고 보도했다. 조달 대수는 10대 정도로, 총액은 1천억 엔(약 1조 원) 규모다.

단거리 이륙과 수직착륙이 가능한 F-35B에 대해선 자위대의 '이즈모'형 호위함 2척을 보수해 처음으로 탑재한다는 계획도 갖고 있다. 하지만 함재기로 전력화하기까지는 향후 10년 정도가 필요할 것으로 보인다고 산케이는 덧붙였다.

제복은 영원한 애국이다

한국과 일본이 F-35 도입하듯 북한도 여객기를 포함한 무기도입 가능성 농후

이처럼 한반도를 중심으로 한 동북아 정세가 미묘하다. 한국이 F-35A 40대를, 일본이 F-35A 105대와 F-35B 42대를 미국에서 도입하는 시점에서 북한은 김정은 국무위원장이 참관하고 지도하는 가운데 장거리 레이더에는 포착되지 않는 스텔스 기능을 가진 것으로 평가되는 '신형 전술유도무기'를 시험 발사했다. 곧 이어 북러정상회담을 개최한다.

김정은 위원장은 "이 무기 체계의 개발완성은 인민군대의 전투력 강화에서 매우 커다란 의미를 가지고 있다"며 군수생산을 정상화하고

최근 추락한 것과 동일한 일본 항공자위대의 F-35A 전투기

국방과학기술을 최첨단 수준으로 계속 끌어올리기 위해 단계적 목표·전략적 목표들을 제시했다.

김 위원장은 2019년 4월 12일 시정연설에서 "(남측은) 오지랖 넓은 '중재자', '촉진자' 행세를 할 것이 아니라 민족의 이익을 옹호하는 당사자가 돼야 한다"며 그간 북한의 비핵화 의지를 미국 측에 실득해온 문 대통령을 힐난하기도 했다.

루디거 프랑크 오스트리아 빈 대학 교수는 "해당 지칭은 한국과 한국 대통령의 역할에 대해 공개적으로 도전한 정치적 폭탄"이라며 "하노이 회담 뒤 김정은 위원장이 자신감을 갖게 돼 중재자로서 문 대통령의 도움이 더 이상 필요하지 않다고 생각하는 것처럼 보인다"고 분

심각하고 치열한 외교전을 펼치고 있는 남북미일 4개국 정상.

제복은 영원한 애국이다

석했다.

또한 4월 14일 북한 평양을 방문한 세르게이 네베로프 러시아 하원 부의장은 이날 타스통신과의 인터뷰에서 "북한 외무성과의 회의에서 민간 항공 및 항공 안전에 대한 문제를 다뤘다. 북한 측은 새로운 러시아 항공기들을 구매하는 데 관심을 나타냈다"고 전했다.

일련의 상황들을 종합할 때, 단지 러시아가 '단계적·동시적' 비핵화 방식에 대해서도 지지하고, 북한이 미국과 비핵화 협상을 재개하기에 앞서 공조를 과시할 파트너로 북러정상회담을 개최한다는 표면상의 이유로는 왠지 설명이 부족한 느낌이다.

이와 같이 한국을 패싱(배제)한 상태에서 러시아는 앞서서 중국과 미국에 앞서 북한을 주도할 위치에 서면서도 항공기와 무기를 판매할 기회를 갖게 된다. 꿩 먹고 알 먹고이다.

손자병법 허실(虛實)편에 나오는 '형인이아무형 즉아전이적분(形人而我無形 則我專而敵分)'이라는 말은 "적을 드러나게 하고 나는 드러내지 않으면, 아군은 필요한 대비를 향하여 집결되고 적은 골고루 대비하기 위하여 분산된다"는 뜻이다.

북한의 겉과 속이 다른 양두구육(羊頭狗肉)이나 표리부동(表裏不同)의 단순함보다는 전략적 전술적 기만과 위장전술이 숨어 있을 수 있다. 이에 대한 우리의 전략과 대비가 소홀해지면 안 된다. 정부 당국자들은 기우(杞憂)가 될지 모르지만, 인민의 굶주림을 무시하고 비핵화 추진에 따른 과학화된 다른 무기도입 및 추가 도발 등 만약의 상황에 대비한 지혜를 모을 필요가 있다.

문 대통령이 강조했듯 강력한 국방력의 바탕이 있어야 외교전에서
도 승리할 수 있고 국가안위도 튼튼해지기 때문이다.

제복은 영원한 애국이다

정부의 북한 발사체 관련 발표는 '엄이도종(掩耳盜鐘)'인가?

국방부, "북한의 화력 타격 훈련으로 단거리 미사일로 특정하기는 어려워"

CNN은 2019년 5월 5일 미국 캘리포니아주 몬트레이 소재 미들버리 국제연구소로부터 북한 강원도 원산 호도반도에서 발사체가 발사되는 순간을 포착한 위성사진을 보도했다.

미들버리 국제연구소의 동아시아 비확산프로그램 책임자인 제프리 루이스 소장은 CNN에 "발사가 4일 오전 9시 6분에 이뤄졌으며, 같은 날 오전 10시쯤 또 다른 발사체가 발사됐고 발사 장소, 연소 연기의 두텁고 검은 모습, 한 개의 연기 흔적으로 볼 때, 이는 북한이 선전물에서 보여줬던 단거리 탄도미사일"이라고 분석했다.

북한의 조선중앙통신은 5일자 보도에서 김정은 국무위원장이 동부전선 방어부대들의 화력타격훈련을 지도했다고 밝혔다. 통신은 화력타격훈련에 사용된 무기체계가 대구경 장거리방사포와 전술유도무기라고 전했다.

대남선전매체 메아리는 7일 논평에서 지난달 22일부터 2주간 진행된 한미 연합편대군 종합훈련과 오는 8월 을지프리덤가디언(UFG)

북한이 발사한 '단거리 발사체'가 흰 연기를 내뿜으면서 날아가는 순간을 포착한 위성사진(동영상 캡처)

제복은 영원한 애국이다

연습을 대체해 시행할 것으로 알려진 '19-2 동맹' 연습에 대해 "그러한 군사적 도발이 북남 사이의 신뢰를 허물고 사태를 수습하기 힘든 위험한 지경으로 몰아갈 수 있다"고 경고했다.

또 "남조선 군부는 무분별한 군사적 대결소동으로 북남관계의 앞길에 어두운 그림자를 던지지 말아야 한다"며 "어리석은 대미 추종으로 스스로를 위태롭게 하면서 북남관계를 위기에 빠뜨리면 안 되며, 북남관계의 파국을 바라지 않는다면 분별 있게 처신하여야 할 것"이라고 강조했다.

북한은 2019년 4월 25일 조국평화통일위원회 대변인 담화, 4월 27일 조선중앙통신 논평에 이어 최근 각종 선전매체를 통해 한미 군사훈련을 연일 비판하고 있다. 하노이 북미정상회담 결렬 이후 연례적으로 진행돼온 한미 군사훈련에도 강한 경계심을 드러내며 민감하게 반응하는 것으로 보인다

게다가 김 위원장은 지난 4월 12일 시정연설에서 "(남측은) 오지랖 넓은 '중재자', '촉진자' 행세를 할 것이 아니라 민족의 이익을 옹호하는 당사자가 돼야 한다"며 그간 북한의 비핵화 의지를 미국 측에 설득해온 문 대통령을 힐난하면서 폄하하기도 했다.

최근 북한의 행동을 볼 때, 최근 유행하는 '내로남불'이라는 말이 이렇게도 남북에서 동시에 적용되는지 신기할 뿐이다.

한편 국방부는 7일 언론 브리핑을 통해 "북한이 화력 타격 훈련을 진행하면서 10~20여 발의 발사체를 발사했고, 현 단계에서 다수의

발사체 가운데 일부를 단거리 미사일로 특정하기는 어렵다"며 "이것이 전략무기였다면 김락겸 전략군 사령관이 참석한 상태에서 발사했을 텐데, 박정천 포병국장이 대신 참석했다"고 설명한 뒤, "그래서 전략무기가 아니라 전술무기를 시험하는 단계가 아닌가 분석하는 것"이라고 발표했다.

그러나 정의당 김종대 의원은 6일 CBS 라디오에 출연해 "북한이 발사한 것은 이동식 발사대에서 발사한 단거리 미사일로, 미국은 이를 묵인하는 방향으로 가고 있다"고 분석했다.

김 의원은 북한의 단거리 미사일 발사에 대해 "호랑이는 호랑이지만, 고양이만 한 새끼 호랑이를 가지고 호들갑 떨 일은 아니다"라며 "지금까지 유엔 안전보장이사회도 새끼 미사일은 제재한 적이 없다"고 비유했다.

이어 "북한이 자국 내 보수 세력을 의식한 대내용 메시지로 미사일을 발사했을 수 있다"며 "대화 교착을 계속 끌지 말라는 독촉장을 미국에 보낸 것으로 보이기도 한다"고 평가했다.

그는 남북관계에 대해선 "문재인 정부에 대한 북한의 불만이 임계치를 넘었다고 본다"며 "문 대통령이 선의로 중재를 한 것이 북한의 기대감을 너무 키워놓은 게 아닌가 생각한다"며 다만 "북한이 지금도 판을 깨지 않으려는 기색이 역력하고, 동해상의 완충 구역 밖에서 미사일을 쏴 9.19 군사합의를 위반하지도 않았다"며 남북대화 재개를 전망했다.

제복은 영원한 애국이다

김 의원은 "우리의 중재 외교는 일단락됐다. 이제 우리도 당당하게 자기 주장을 하고 나갈 때"라며 "국제 합의를 위반하지 않는 범위에서 금강산 관광과 개성공단 재개를 약속하고 인도주의적 식량 지원 등을 하면서 '시즌 2'를 맞이할 수 있다"고 강조했다.

그런데 우리 정부와 군은 최초에는 미사일이라고 했다가 발사체라고 하더니 전략무기가 아니라 신형 전술유도무기를 시험하는 단계라고 7일 언론에 발표했다. 말을 자꾸 바꿔 국민들은 뭐가 뭔지 모르게 하려는 것 아니냐는 의구심이 가는 대목이다.

문재인 대통령은 국가안보회의도 소집하지 않았고 국정원은 '북한 내부 결속용'이라고 했다. 우리 코앞에 있는 핵무기가 한사코 우리를 겨냥한 게 아니라고 손을 내젓는 것이나 다름없다.

폼페이오 "북한이 발사한 것은 미국이 표적 아냐" 그렇다면 '한국'이 표적일 가능성에 주목해야

2017년도 북한이 대륙간 탄도미사일을 쏘아 올리자 워싱턴이 발칵 뒤집혔다. 그런데 며칠 뒤 트럼프 대통령 최측근이자 상원 실력자 그레이엄 의원이 "트럼프가 내 얼굴에 대고 한 말"이라며 "북한을 막을 전쟁이 있다면 저쪽 한반도에서 일어날 것이다. 수천 명이 죽어도 한반도에서 죽을 것이고 미국 본토에서는 죽지 않을 것"이라고 말했다.

그해 겨울엔 중국 관영 언론이 "핵전쟁이 나면 북한의 1차 공격대
상은 한국"이라고 단언했다. 그러면서 "당장 한반도에 핵전쟁이 나도
겨울 북서풍이 방사능을 막아주니까 중국인들은 안심하라"고 했었다.

이번에도 폼페이오 미 국무장관은, 4일 북한이 발사한 미사일이
"확실히 대륙간 탄도미사일은 아니다"라고 거듭 강조했다. 협상의 끈
을 자르고 싶지 않다는 의지의 표현으로 보이지만 이 말을 우리가 반
길 일은 아닐 듯하다. 북한 핵의 제1 표적이자 당사자는 한국이라는
냉엄한 진실이 숨어 있기 때문이다.

한국을 사정권에 둔 이번 북한 미사일은 사드로도 막을 수 없다고
한다. 미국의 비위를 슬쩍 건드리면서 우리 국민을 볼모로 잡고 우리
정부에게 자기들 편에 서라고 협박한 것이나 다름없다.

엄이도종(掩耳盜鐘)이란 귀를 막고 종을 훔친다 라는 뜻의 사자성어
이다.

『여씨춘추(呂氏春秋)』가 유래이다. 진(晉)나라 시대에 범씨(范氏)가
망하자 혼란을 틈타 범씨의 종을 훔치러 들어온 자가 있었다. 그러나
종이 매우 무거워 지고 갈 수가 없어 종을 깨뜨려 가지고 가면 되겠다
고 생각하고 망치로 종을 치니 '쨍' 하는 소리가 나자 사람들이 그것
을 듣고 자기의 종을 빼앗을까 두려워 재빠르게 자기의 귀를 막았다.
즉 자기만 듣지 않으면 남도 듣지 못한다고 생각하는 어리석은 행동
을 비유한 말이다.

동맹국 미국조차도 귀를 막으며 대륙간탄도미사일(ICBM) 발사가

제복은 영원한 애국이다

아니라 한국을 겨냥한 미사일 시험이라고 축소하며 대북협상을 재개하려 한다. 당시의 문재인 정부도 북한의 제1표적이 한국 당사자라는 냉험한 현실에 귀를 막고 있었다.

타조는 맹수가 으르렁대면 모래 속에 머리부터 처박는다. 그렇게 애써 현실을 외면하면서 스스로를 위험에 빠뜨리는 것을 '타조증후군'이라고 한다. CNN 간판 기자 아만푸어가 강경화 외교부장관을 인터뷰하며 던졌던 질문이 새삼 귓전을 맴돌았다.

"한국 정부와 국민들 모두가 타조처럼 머리를 모래에 파묻고 있는 것(掩耳盜鐘)은 아닌가요?"

북한의 비핵화를 위한 북미 및 남북협상을 지속한다는 대원칙 하에서도 한국을 겨냥한 북한의 도발 위험에 대해서 '귀'를 막는 것은 일종의 '타조 증후군'이라는 지적도 제기된다. 사진은 서해대교에 출현했던 타조의 모습. (동영상 캡처)

북핵 미사일 위기의 3가지 시나리오와
한국의 선택

북한이 ICBM급 화성 15형 시험발사하자 미국도 워싱턴과 하와이

방어용 사드 2기 일본 배치로 대비 중

2017년 11월 29일 새벽 3시 17분경 북한은 문재인 정부 출범 후 11번째 미사일을 평남 평성에서 고각발사하여 4500Km 고도까지 올랐다가 960Km 비행한 후 일본 아오모리 서쪽에 낙하시키는 도발을 자행했다. 전문가들에 따르면 기존의 화성14형과 다른 ICBM(대륙간 탄도미사일)급 화성15형이다.

우리 군은 3시 18분에 E-737(피스아이)로 최초 식별했고, 이후 동해 상에서 작전중인 이지스함과 조기경보레이더에서도 포착했다. 식별

북한의 최고 지도자 김정은이 2017년 11월 ICBM급 화성15형 미사일 시험발사 광경을 지켜보며 즐거워하고 있다. (사진/그래픽-뉴스투데이)

2분 뒤에 보고받은 문 대통령은 NSC 소집지시를 했고, 23분경에는 북한 도발에 대응해 동해상에서 육해공 동시 탄착개념(TOT)을 적용한 미사일 합동 정밀타격훈련을 실시했다.

미 제임스 매티스 국방장관을 비롯한 안보 전문가들은 이번 미사일이 역대 북한이 발사한 미사일 중 가장 높은 고도까지 상승하여, 정상 발사하면 1만 3천Km 비행거리로 워싱턴을 포함한 전 세계에 위협이 된다며 공동으로 북한의 만행을 제재하는 노력을 강화해야 한다고 강조하였다.

일본에는 이미 두 곳에 사드(THAAD. 고고도 미사일 방어체계)가 설치되어 있다. 서쪽 교토에 위치한 사드는 한반도 전체를, 동쪽 아이모리에 설치한 사드는 북한에서 날아오는 미사일을 대비한 것으로 일본 열도가 중국, 러시아발 미사일을 방어하기 위한 미국MD시스템의 일부이다.

정확히 살펴보면 아오모리는 미 본토로, 교토는 하와이를 겨냥한 ICBM(대륙간탄도미사일)을 격추시키기 위해 설치한 것이라 분석할 수 있다. 북한 김정은 체제의 미국 공격 협박에 대해 미 행정부는 '실전' 가능성을 염두에 두고 대비하고 있는 것이다.

북한의 조선중앙TV에서는 이날 오전 "대륙간 탄도로켓 시험발사 성공했다"고 발표했다. "이번 화성15형 로켓은 미국 본토를 타격할 수 있게 됨으로써 미제의 핵공갈 정책과 핵위협으로부터 나라의 주권과 영토를 수호하고 인민들의 평화로운 생활을 보위하기 위한 것"이라고 주장했다.

다음날 북한 노동신문은 '경이적인 사변', '영웅적 쾌거'라며 제6차 핵실험과 더불어 화성15형 시험발사 성공으로 "국가 '핵무력 완성'의 역사적 대업, 로켓강국 위업이 비로소 실현되었다"고 강조하며 평양역 주민들의 자축 분위기를 전했다.

긴급 소집된 유엔 안보리,
북한 미사일 도발에 실효적 조치 내지 못하고 모양만 갖춰

김정은 체제의 미사일 도발이 재개됨에 따라 뉴욕의 유엔본부에서는 북한의 탄도미사일 도발과 관련해 안전보장이사회 긴급회의가 개최되었다. 미국 니키 헤밀리 유엔대사는 "세계는 전쟁에 더 가까워지고 있다"며 회원국의 대북 외교 무역단절을 촉구하고 "전쟁 땐 북한 정권은 완전히 파괴될 것이다"라고 경고했다.

트럼프 미국 대통령도 시진핑 중국 국가주석과의 통화에서 "중국이 북 핵도발 포기와 비핵화를 위해 가용수단을 총동원해야 한다"며 핵개발의 주동력인 원유공급(연간 50만톤 이상)을 중단하라고 압박했다. 또한 "북 도발과 관련해서 이달 중으로 대북 추가제재를 단행할 것이다"라고 밝혔다.

북한이 조만간 화성15형을 추가로 발사할 가능성이 높다. 이번 발사가 '시험발사'였다고 주장했다. 지난 7~9월에 이루어진 2차, 3차 화성12형 시험은 실전 상황을 상정한 정각(30~45도) 발사였다.

그때 미사일은 일본 상공을 통과해 태평양에 낙하했다. 북한은 당시 발사 결과를 공개하며 시험발사가 아니라 '발사훈련'이라는 표현을 썼다. 북한은 이러한 로드맵에 따라 화성15형 등 ICBM급 미사일로 비슷한 도발을 계속할 것이다.

김정은 체제는 장기적으로 수소폭탄급 핵탄두와 미국 본토를 정확하게 타격할 수 있는 ICBM급 미사일 기술을 완성함으로써 명실상부한 '핵보유국'이 되는 길을 향해 질주하고 있다. 이 중차대한 시기에 문재인 정부 앞에 놓인 전략적 선택은 크게 3가지 시나리오이다.

어떤 선택을 하느냐에 따라 대한민국의 운명은 엇갈릴 수밖에 없다는 게 국방·안보 전문가들의 견해이다.

첫째 시나리오 : 북한의 주한미군철수 관철과 남한의 대혼란

김정은 체제의 전략에 한미 양국 정부가 말려드는 것이다. 북한은 미사일 발사훈련이 끝나면 완성된 핵무장을 은폐한 채 미국과 전쟁 없는 평화를 지향하자고 협상을 시도하면서 미국 본토에 강력한 평화 분위기의 심리전을 전개할 것이다.

과거 미국 행정부는 베트남 전쟁에서 미군의 희생을 강조하며 평화를 요구하는 공산세력 측의 심리전에 밀려 월남을 포기했다. 나아가 베트남전 이후 강대해진 중국을 취하고 대만을 버렸다.

북핵 미사일 위협이 고조되면 북미 평화협정을 맺고 미국 본토는 핵무기의 위협에서 벗어나야 한다는 여론이 고조될 가능성을 배제할 수 없다.

그 이후의 수순은 더욱 위험해진다. 북한은 '한미합동군사훈련 폐지-평화협정체결-미군철수'라는 당초의 목표를 관철하려 할 것이다.

이는 한반도 평화공세의 일환이지만 본질은 독재체제인 북한이 주도권을 갖는 생존전략이다.

미군이 철수하면 대한민국은 이념적 대결과 혼란의 도가니로 빠질 수 있다. 주가는 폭락하며 경제도 큰 타격을 받을 것이다. 북한은 남한 내의 이념적 갈등을 부추기면서 사회혼란을 조장하게 된다.

마지막 수순은 혼란에 빠진 남한 국민들을 구한다는 명분 아래 북한 인민군들이 서서히 남쪽으로 내려와 대한민국을 접수한다. 그때부터는 정부관료, 군인, 경찰과 종교인들을 필두로 피비린내 나는 숙청이 시작되어 한국은 또 하나의 킬링필드로 바뀌고, 완전 공산치하가 되면서 김정은의 대남적화계획 실행은 완성된다.

이것은 절대로 현실이 되면 안 되는 아찔하면서도 비통한 가정 상황이다.

둘째 시나리오 : 북한의 미 본토 공격과 미국의 보복공격에 따른 '제2의 한국전쟁' 발발

또 하나의 가정은 북한이 ICBM발사훈련을 할 때 일어날 수 있는 반전이다.

2018년 2월 어느 날 새벽 함북 단천 해안가에 미상의 굉음이 들렸다. 김정은이 지켜보는 가운데 문재인 정부 출범 이후 12번째 미사일

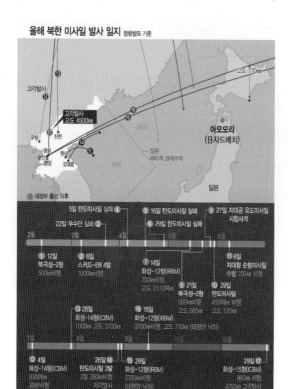

올해 북한 미사일 발사 일지 합참발표 기준

고각발사
고도 4500㎞

아오모리
(日사드배치)

일본
배타적 경제수역

일본

새정부 출범 이후

5일 탄도미사일 실패 ❹   ❺ 16일 탄도미사일 실패   ❾ 27일 지대공 유도미사일
                                                           시험사격
22일 무수단 실패 ❸   ❻ 29일 탄도미사일 실패

2월   3월   4월   5월   6월

❶ 12일   ❷ 6일   ❼ 14일   ⓫ 8일
북극성-2형   스커드-ER 4발   화성-12형(IRBM)   지대함 순항미사일
500㎞비행   1000㎞비행   700㎞비행   수발 200㎞ 비행
                                    고도 2110여㎞
                                            ❽ 21일   ❿ 29일
                                            북극성-2형   탄도미사일
                                            500㎞비행   고도 120㎞
                                            고도 560㎞

⓭ 28일   ⓰ 15일
화성-14형(ICBM)   화성-12형(IRBM)
1000㎞ 고도 3700㎞   3700㎞비행, 고도 770㎞ (태평양 낙하)

7월   8월   9월   11월

⓬ 4일   26일⓮   ⓯ 29일   29일⓱
화성-14형(ICBM) 탄도미사일 3발   화성-12형(IRBM)   화성-15형(ICBM)
900여㎞   2발 250㎞비행   2700㎞비행   960㎞ 비행
39분비행   저각발사   (태평양 낙하)   4750㎞ 고각발사
고도 2802㎞

그래픽-뉴시스/뉴스투데이

인 화성15형 대륙간 탄도로켓이 하늘로 치솟았다. 곧 일본 아오모리
현 상공을 지나 태평양으로 날아가고 있었다.

일본 아오모리에 배치된 사드는 미사일 발사를 식별하고 격추 미사
일을 발사했으나 너무도 높은 고도에 빠른 속도로 기습적으로 날아가
는 북 미사일 격추에 실패했다.

146   제복은 영원한 애국이다

기분 좋게 사드 초탄을 회피한 북 ICBM은 알류산 열도와 하와이 중간 지점에서 대기권으로 재진입하기 위해 방향을 전환하여 힘차게 내려가려 했으나 갑자기 미 본토에서 날아온 또 하나의 사드에 의해 격추되어 거대한 섬광, 폭음과 함께 잔해들은 북태평양 바다 속으로 흩어지고 말았다.

트럼프는 매우 분노하여 군사적 옵션을 시행하는 지시를 내렸고, 일본에서 훈련을 하던 항모의 전투기들과 주변 기지의 미사일들은 함북 단천의 미사일 발사 원점과 김책시에 있는 김정일의 특각을 향해 날아가고 있었다.

가정이지만 그 이후는 끔찍한 비극을 예상할 수 있는 시나리오이다. 제2의 한국전쟁이 전면전 형태로 발생할 수 있는 것이다.

셋째 시나리오 : 문재인 정부, 해상차단 등 주도해 김정은 체제의 항복 받아내야

하지만 이제는 결단을 내려야 할 시기이다. 마냥 끌려다닐 수만은 없다. 문재인 정부가 선택해야 할 것은 셋째 시나리오이다. 그것은 한국의 주도적인 북핵 대응전략 실천이다.

제2차 세계대전 때 싱가포르 함락전투에서 일본의 야마시타 도모유키는 1942년 2월 3만 명의 일본군으로 10만 명의 영국군 및 영연방 군대와 치열한 전투를 벌였다. 그때 영연방 사령관인 퍼시벌 장군에게 항복할 것인지 말 것인지 즉답을 요구하면서 "All I want to hear from you is Yes or No..?"라고 소리 질렀던 것으로 유명하며, 그는 '말레이 반도의 호랑이'로 불리었다.

일본의 야마시타 도모유키의 강단으로 영국군의 항복을 받아 낸 것과 같이 더 이상 북한의 도발을 묵과하지 말고 강하게 대처해야 한다. 중국 사기(史記)의 "당단부단 반수기란(當斷不斷 反受其亂, 마땅히 끊어야 할 것을 끊지 않으면 도리어 그게 화로 돌아온다)"라는 글귀처럼 마땅히 끊어야 할 것을 끊지 않으면 훗날 큰 재앙이 오기 때문이다.

지금부터는 김정은의 패에 휘둘리지 말고 북한의 해상 운송로를 끊기 위한 해상차단, 중국 및 러시아의 기관 및 개인의 대북 금융거래 금지 등을 강력히 시행하면서도 유사시 군사옵션 시행까지도 포함하는 대응을 통해 주도권을 가지고 강하게 추진할 필요가 있다.

이순신 장군도 강조하셨다. '필사즉생 필생즉사(必死則生 必生則死)' 이것이 우리의 살길이다.

제복은 영원한 애국이다

文 대통령, 軍에 절치부심(切齒腐心)의 정신 요구… 공언무시(空言無施) 안 돼야

문 대통령, 6·25남침전쟁 등 역사를 언급하며 '힘없는 평화'의 불가능성 강조

　문재인 대통령이 2019년 4월 15일 군 장성 진급 신고식에서 군에 절치부심(切齒腐心)의 정신을 가지라고 일곱 차례나 강조했다. 문 대통령은 식민지와 2차 세계대전, 6·25남침전쟁 등 역사를 언급하면서 "결국 힘이 없으면 평화를 이룰 수 없다"며 전작권과 북한 비핵화 문제를 거론했다.

　또한 임진왜란, 병자호란 등을 언급하면서 "그런 일을 겪었으면 그야말로 절치부심해야 하지 않나. 그러지 못했고, 결국 우리는 나라를

2019년 4월 청와대 본관에서 장성 진급 및 보직자 신고식(사진제공-청와대)

잃었다"고 말했다. 또 "식민지를 겪고, 2차대전 종전으로 해방됐지만 나라는 남북으로 분단됐고, 분단된 남북 간에 동족상잔의 전쟁이 일어났다"며 "유엔군의 참전으로 겨우 나라를 지킬 수 있었다"고 했다.

문 대통령은 이어 "그렇게 전쟁이 끝났다면 정말로 우리는 이제 우리 힘으로 우리 국방을 지킬 수 있는, 그리고 그 힘으로 분단도 극복하고, 동북아 안전과 평화까지 이뤄내는, 강한 국방력을 가지는 데에 절치부심해야 마땅하다"고 했다.

명약관화(明若觀火)한 진리이고 백번 천 번 들어도 옳은 말이다. 작금의 불편한 상황들을 일거에 덮어버리는 명언이었다.

다만 누구를 상대로 절치부심하라는 것인지는 말하지 않았다. 최근 북미 대화의 중재자를 자처했지만 미국과 북한 모두에게 "우리 편에 서라"는 압박을 받는 상황이 되자 강한 국방력의 필요성을 강조한 것으로 해석된다.

뿐만 아니라 육군사관학교 졸업식에서도 "평화를 만들어가는 근간은 도발을 용납하지 않는 군사력과 안보태세"라며 "우리는 북핵과 미사일 대응능력을 조속히, 그리고 실효적으로 구축하는 데 총력을 기울여야 한다"고 언급했다.

그런데 새로 임명된 4성 장군들은 대통령의 숨은 의도를 너무도 잘 알고 있었다. 그들은 이날 오후 청와대에서 군 장성 진급 및 보직 신고식 후 열린 문재인 대통령과 신고자 내외와의 환담에서 다음과 같이 말했다.

서욱 신임 육군참모총장(육사 41기)은 "9.19 남북 군사합의 당시 합참 작전본부장으로 군사대비태세를 담당했기 때문에 '힘을 통한 평화'를 잘 이해하고 있다"며 "9.19 군사합의가 제대로 이행되도록 하겠다"고 말했다. 그러면서 "국방개혁 2.0도 속도감 있게 추진하겠다"고 했다.

원인철 신임 공군참모총장(공사 32기)은 "역사적인 전환기에 직책을 수행하게 되었는데, 봉산개도 우수가교(逢山開道 遇水架橋 산을 만나면 길을 만들고, 물을 만나면 다리를 놓는다. 즉 굳은 의지를 가지고 어려운 상황을 극복해 나간다)의 정신으로 최선을 다하겠다"고 말했다. 원 공군총장은 육·해군 총장보다 임관 연도가 한 해 앞선 것과 관련해 "공식적인 건제(편성기준) 순은 육, 해, 공군 순이며, 저는 (순서를) 철저하게 따를 것"이라고 강조했다.

최병혁 연합사 부사령관(육사 41기)은 "한미동맹이 이제 66주년이 넘어가는데 한반도 평화 정착 역할을 수행했던 한미동맹 체제들을 한반도 평화를 뒷받침하는 굳건한 체제로 만드는 데 일익을 담당하도록 하겠다"며 "동북아가 전략적인 변환기를 맞고 있는데 한미동맹도 마찬가지로 미래 지향적으로 굳건히 잘 발전될 수 있도록 부사령관으로서 역할을 잘 수행하겠다"고 말했다.

2010년 11월 23일 북한의 연평도 포격 도발 당시 연평부대장으로서 북한의 추가 도발을 막아낸 바 있는 이승도 해병대사령관(해사 40기)은 "오늘 해병대가 창설 70주년을 맞았다"며 "국가에 충성하고 국민에 신뢰받고 확고한 대비태세를 갖추는 데 있어 올바른 리더십을 잘 발휘할 것"이라고 밝혔다.

9.19남북군사합의서, 당시에도 보수와 진보가 확연히 다른 평가

이날 대장 진급은 육군 참모총장 육군대장 서욱, 공군 참모총장 공군대장 원인철, 연합사 부사령관 육군대장 최병혁, 지상작전사령관 육군대장 남영신(학군 23기) 등 4명이었고, 중장 진급은 해병대 사령관 해병중장 이승도(해사 40기) 1명이었다.

이들 외에도 문 대통령은 8명의 보직자들에게 수치(綬幟)를 수여했다. 수치란 '끈으로 된 깃발'로 장성의 보직과 이름, 임명 날짜, 수여

당시 대통령 이름이 수놓아져 있다. 수치를 받은 보직자는 5군단장 육군중장 안준석(육사 43기) 등 4명의 육군중장과 4명의 해군중장이다. 수치는 앞의 대장, 중장 진급자도 함께 받았다.

문 대통령은 마무리 발언에서 "한반도 비핵화와 항구적인 평화 정착이 민족적 과제"라며 "칼은 뽑았을 때 무서운 것이 아니라 칼집 속에 있을 때가 가장 무섭다고 하듯 군도 전쟁이 일어나지 않도록 막아낼 때 더 큰 위력이 있다고 믿는다. 완전한 평화를 구축할 때까지 한마음으로 나아가 주길 바란다"고 말했다.

그러나 총장들이 제대로 이행되도록 하겠다는 9.19남북군사합의서의 내용에 대해서는 아직도 보수와 진보가 확연히 다른 평가를 하고 있다. 가장 상반된 사항은 군사분계선 상공에서 동부지역은 40킬로미터, 서부지역은 20킬로미터의 비행금지구역을 설정하여 "대한민국 방위를 제대로 할 수 없는 지경으로 만든 항복문서에 가까운 결정"이라고 보수들은 우려하고 있다.

또한 서해 해상에서의 평화수역 설정에서도 당국자는 "적대행위 중단구역이 북측과 남측이 40킬로미터씩이다"라고 했으나 보수 측에서는 "NLL이 위치한 백령도 해상을 기준으로 북측은 50킬로미터, 남측은 85킬로미터로 우리가 35킬로를 더 양보했다"고 주장하고 있다.

그 밖에도 비무장지대 안의 감시초소(GP)를 전부 철수하기 위한 시범적 조치로 상호 1킬로미터 이내에 근접해 있는 초소 10개씩을 완전히 철수 및 폐쇄하였다.

강한 국방력의 필요성을 강조한 문 대통령의 말이
공언무시(空言無施)되지 않아야

　이러한 일련의 사태를 보면 이를 통해 남북 상호 적대행위와 무력 충돌을 예방하는 효과를 당분간은 얻을 수 있을 것 같다. 그러나 북측이 대남 적화의도를 포기했다는 명확한 검증이 없는 한 성급하게 북한의 요구를 수용하면 돌이킬 수 없는 재앙적 결과를 초래할 수 있다. 그 동안 북한은 수많은 합의를 무시했고 무수한 기습도발을 자행했다.

　강한 국방력의 필요성을 강조한 문 대통령의 말이 공언무시(空言無施, 빈말만 하고 실천이 따르지 않음)되지 않도록 이번에 군의 중추적 역할을 맡게 된 진급 장성들은 로마의 전략가인 베게티우스가 주장한 "평화를 바라거든 전쟁을 준비하라"는 말이 가진 역설적인 뜻에 공감하며 남북합의서 이행 기준을 합리적으로 세워 추진하여 허장성세(虛張聲勢)가 되지 않기를 기대해봤으나 공염불이 되었다.

　　　　　　　　　　　　　제복은 영원한 애국이다

북한, 가상화폐 해킹으로 3600억 원 탈취하여 밀수 및 핵·미사일 개발

UN 안전보장이사회 산하 대북제재위원회, 북한의 다양한 제재 회피 실태와 그 수법을 공개

훔친 가상화폐로 중국 비상장거래소 통해 실제 화폐로 바꾸는 돈세탁

유엔 안전보장이사회 산하 대북제재위원회는 매년 되풀이되는 북한의 다양한 제재 회피 실태와 그 수법을 자세히 소개한 전문가패널 보고서를 지난달 31일 공개했다. 대북제재위 산하 전문가패널들의 조사·평가와 회원국의 보고 등을 토대로 작성한 이 보고서는 15개국으로 구성된 안보리 이사국들의 승인도 거쳤다.

이 보고서에 따르면 북한은 2019년부터 2020년 11월까지 3억 1640만 달러(약 3575억 원) 상당의 가상자산을 훔쳤다고 한 회원국이

북한 정찰총국이 배후 가상화폐거래소 해킹 후 실제 화폐로 돈세탁을 하고 밀수입으로 대북제재 위반한 '뉴콩크'호가 다른 선박으로 위장한 것으로 추정되는 위성사진 (사진-연합뉴스)

보고했는데 "북한과 연계된 해커들이 핵·미사일 개발을 지원하기 위해 금융기관과 가상화폐거래소를 대상으로 해킹을 계속했다"고 밝혔다.

전문가패널은 지난해 9월 한 가상화폐거래소를 대상으로 2억 8100만 달러 상당을 탈취한 해킹 사건을 조사 중이라고 밝혔다. 이 사건은 같은 해 10월 2300만 달러를 가로챈 두 번째 해킹과 연계된 것으로 추정했다.

북한은 훔친 가상화폐를 중국 소재 비상장 가상화폐거래소들을 통해 실제 화폐로 바꾸는 돈세탁에 나선 것으로 조사됐다. 또한 2019년 7월과 9월 각각 27만 2000 달러와 250만 달러 상당의 알트코인(비트코인을 제외한 나머지 가상화폐들)을 해킹한 뒤 역시 중국의 비상장 거래

제복은 영원한 애국이다

소를 이용해 보다 안정적인 가상화폐인 비트코인과 이더리움으로 환전했다고 한 회원국이 전했다.

이러한 공격을 주도한 것은 유엔 제재 대상인 북한 정찰총국으로 지목됐다. 전문가패널은 정찰총국이 '가상자산과 가상자산거래소, 그리고 글로벌 방산업체들'을 겨냥해 '악의적인 활동'을 펼쳤다고 지적했다.

특히 "북한의 사이버 행위자들이 전 세계 방산업체들을 겨냥한 공격을 수행했다는 것이 2020년의 분명한 트렌드"라고 강조했다. 전문가패널은 정찰총국과 연계된 것으로 알려진 라자루스, 킴수키 등 해킹 조직과 라자루스가 저지른 것으로 알려진 이스라엘 방산업계 공격 시도 사건을 조사 중이다.

라자루스와 킴수키 외에 지난해 8월 미 수사당국이 공개한 북한 해킹팀 '비글보이즈'도 전문가패널의 레이더망에 포착됐다. 역시 정찰총국과 연계된 비글보이즈는 현금자동입출금기(ATM)를 활용한 불법 인출과 가상화폐거래소 공격 등을 통해 20억 달러 상당의 탈취를 시도한 것으로 알려졌다.

또한 북한은 또 합작회사의 해외계정, 홍콩 소재 위장회사, 해외은행 주재원, 가짜 신분, 가상사설망(VPN) 등을 활용해 국제 금융시스템에 접근해 불법 수익을 올렸다고 한 회원국이 밝혔다.

불법 해킹으로 올린 수익으로 정유제품 밀수입 및 핵·미사일 개발

북한은 이렇게 불법 해킹으로 올린 수익으로 연간 50만 배럴의 수입 한도를 초과해 제재를 위반했고, 이것을 전문가패널들이 한 회원국이 제공한 사진과 데이터 등을 토대로 분석했다.

2020년 1월부터 9월까지 모두 121차례에 걸쳐 안보리 결의로 정한 수입 상한선을 훨씬 초과해 정유제품을 들여왔는데, 이는 유조선 탱크의 3분의 1을 채웠다고 가정하면 상한선의 3배를, 절반을 채웠다고 가정하면 상한선의 5배를, 90%를 채웠다고 가정하면 상한선의 8배를 각각 밀수입했을 것으로 한 회원국은 추정했다.

특히 공해상에서 몰래 이뤄지는 '선박 대 선박' 환적 방식보다 대형 유조선이나 바지선으로 정유제품을 남포항 등 북한 영토까지 실어나르는 직접 운송이 지난해 많이 늘어난 것으로 나타나는 등 국제사회의 감시망을 피하기 위한 수법은 한층 더 정교해졌다.

전문가패널은 올해 보고서에서 제재 위반 행위에 가담한 선박이 다른 선박의 신원을 도용하는 '선박 바꿔치기' 수법이 처음 등장했다는 데 주목했다. 과거 여러 차례 정유제품 밀수에 가담한 것으로 적발된 '뉴콩크'호가 '무손 328'호로 완전히 둔갑한 사례가 대표적이다.

또한 북한은 제재에도 아랑곳하지 않고 핵·미사일 개발을 멈추지 않고 있는데, 지난해 북한은 여러 차례의 열병식을 통해 핵탄두 탑재가 가능한 새로운 중·단거리 탄도미사일과 잠수함발사탄도미사일

　　　　　　　　　　　제복은 영원한 애국이다

(SLBM), 대륙간탄도미사일(ICBM) 체계를 선보여 모든 사거리의 탄도 미사일에 핵탄두를 실을 수 있을 가능성이 '매우 높다'고 밝혔다.

신포 해군조선소에서는 2020년 7월 이후 지속적인 활동이 포착 됐는데, 이곳의 비밀 선박 계류장이 SLBM과 관련됐을 수 있고, 이 시설 입구의 부두 개보수가 향후 SLBM 발사 시험 준비와 연관됐을 가능성이 있으며, 남포 해군조선소에서도 비슷한 활동이 탐지됐다고 전했다.

2018년 풍계리 핵실험 갱도를 폭파해 핵 폐기 의지를 강조한 북한이 여전히 이 지역에 인력을 두고 유지하고 있다는 언급도 나왔다.

풍계리 핵실험장은 2020년 태풍으로 조금 부서졌으나 복구가 이뤄지고 있으며, 영변 핵단지의 우라늄 농축시설을 여전히 가동 중이고, 실험용 경수로도 계속 짓고 있다고 보고했다. 원자로 가동 징후는 없지만 유지, 보수는 계속되는 것으로 파악됐다.

'북핵'의 끝은 김정은 체제 붕괴시킬 백두산 폭발?

북한 풍계리 핵실험장 인근에서 두 차례의 지진 관측돼
한미 정보당국 긴장, 해외과학자들 "지난 3일 북 핵실험의 여파로
지진 발생" 분석

2017년 9월 23일 토요일은 요란스러웠던 휴일이었다. 오후 1시 43분과 5시 24분에 북한 풍계리 핵실험장 인근 6km 지점에서 각각 2.6과 3.2 진도의 지진이 관측되었다.

다음날 새벽에는 '죽음의 백조'로 불리는 미국 전략폭격기 B-1B 랜서가 일본 오키나와 미군기지에서 발진한 F-15전투기의 호위를 받으며 동해 NLL을 넘어 북한 동해상 국제 공역까지 올라가 무력시위를

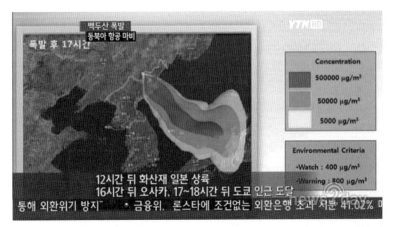

국립방재연구원이 지난 2011년 실시한 백두산 화산폭발 모의실험 자료 화면. 당시 국립방재연구원은 백두산의 화산폭발 가능성에 대비해 모의실험을 통해 한반도 및 주변국가 영향에 대해 분석했다. (사진출처-ytn 뉴스 화면 캡처) ©뉴스투데이

펼쳤다.

　같은 날인 24일 리용호 북한 외무상이 유엔연설을 통해 "참수, 군사공격 기미 보이면 선제 행동으로 예방 조치를 취할 것"이라며, 국제사회를 향한 전례 없는 협박과 위협을 가했다. 트럼프 대통령에 대해선 "과대망상이 겹친 정신병자, 거짓말 왕초, 악의 대통령"이라며 원색적인 비난을 쏟아냈다.

백두산 화산 폭발을 가속화 시키는 북한 핵실험 장소인 풍계리와 백두산 간의 지표면상 거리는 불과 113km이다. 더욱이 지하의 마그마층 간의 거리로 따지면 고작 8km에 불과한 것으로 추정되고 있다. (사진출처-YTN사이언스 캡처)

풍계리 핵실험장 위치와 백두산 마그마 본층 간의 실제거리는 불과 8km, 발해의 멸망(926년)은 백두산 대폭발이 원인이라는 분석도

그해 9월 23일 풍계리 인근 자연지진을 분석한 해외과학자들은 지난 9월 3일 북한의 핵실험 도발의 여파로 발생한 지진이라고 했다.

이번 핵실험 위치에서 백두산 마그마 본층과 연결된 위치와의 거리가 113km인 것을 감안하면 더 큰 대재앙의 원인이 될 수 있다는 의견이다.

그 이유로 풍계리와 백두산 마그마층의 실제거리는 상상을 초월할 정도로 짧다는 사실을 꼽는다. 풍계리 지표면에서 지하로 2km를 굴

토하여 핵실험을 하면 그 아래 백두산 마그마층과 연결된 마그마층이 지하 10km 지점에 있고, 다시 그 아래 2층 마그마층이 20km 내외에 존재하고 있어 결과적으로 불과 8km 내외의 거리에 백두산과 연결된 마그마층이 있다는 것이다.

우리 역사에서 해동성국으로 불리던 발해가 926년에 멸망한 이유가 백두산의 대폭발 때문이라는 주장도 있었다. 폭발 당시 뿜어져 나온 화산재가 일본까지 날아갈 정도로 엄청났으므로 농경지 등에 피해를 입은 발해 사람들이 나라를 버리고 망명길에 올라 발해 세자 대광현이 수만 명을 이끌고 고려에 투항했다는 기록이 있다.

『고려세가』, 『고려사절요』에 따르면 발해가 멸망한 이후인 938년과 939년 그리고 946년과 947년에 백두산 화산폭발을 일으킨 것으로 기록되어 있다.

또한 『조선왕조실록』의 기록엔 백두산은 1403년, 1654년, 1668년, 1702년에 폭발했고, 중국 기록에 따르면 1903년에도 작은 폭발을 일으켰다고 한다.

그중 1702년에는 함경도 부령과 경성지역에서 "연기와 안개 같은 기운이 서북쪽으로부터 갑자기 밀려오면서 하늘과 땅이 캄캄해지고… 흩날리는 재는 마치 눈같이 사방으로 떨어졌는데, 그 높이가 한 치(약 3cm)쯤 되었다"는 일이 벌어졌다는 기록도 있다.

약 1000년 전 즈음에는 백두산 폭발로 뿜어져 나온 화산재 높이가 25km 이상 솟구쳤으며, 상층기류를 따라 이동해 일본 홋카이도와 혼

백두산 화산 폭발의 위력은? (사진출처-YTN사이언스 캡처)

슈 북부에 비처럼 내렸고 이곳에는 화산재가 5cm 이상 쌓인 곳이 지금도 남아있다.

영국의 지진학자 제임스 해먼드 백두산 용암의 활동성 주장,
위험한 북핵 고집하는 김정은 체제는 선제공격 이전에
백두산 폭발로 붕괴할 수도…

2013년 영국의 지진학자 제임스 해먼드를 비롯한 조사팀이 백두산에서 60km에 이르는 거리에 총 6기의 지진관측기를 설치하고 구체적으로 관측한 결과가 있다. 백두산 아래에는 부분적으로 녹은(부분

제복은 영원한 애국이다

^{용암)} 암석층이 존재한다는 것을 발견했다.

즉 액체, 가스, 크리스털, 바위가 섞인 상태로 부글거리고 있는 것이다. 이에 대해 "이런 데이터는 백두산 용암이 매우 활발하게 움직이고 있다는 증거입니다"라고 조사에 참여한 미국의 지질조사국 이아코비노 씨가 말했다.

김정일 정권 아래에서 고난의 행군으로 300만 명의 아사자를 양산시켰고, 김정은은 고모부 장성택과 형 김정남을 살해하는 등 정권유지를 위해 인명존중 정신을 완전 말살시킨 북정권의 말로는 어떻게 될 것인가?

'대재앙'의 발생 징후를 설명하는 '하인리히 법칙'에 따르면 300번의 사소한 징후, 29번의 작은 사고 발생 끝에 1번의 대형사고가 발생한다.

백두산에서는 이미 사소한 징후 끝에 이번 연속된 자연지진 사고가 발생하고 있다. 로켓맨 김정은의 인명무시 정책의 끝은 참수 및 Kill-chain작전의 선제공격에 의한 북정권 소멸이 아니라 그러한 만행에 분노한 하늘이 직접 분노의 지팡이를 휘둘러서 그것을 막지 못한 김정은 일가와 하수인까지도 일거에 처벌할 '백두산 폭발'이 기다리고 있다는 것이다.

'로켓맨' 김정은은 이제 정신을 차리고 평화와 인류번영을 위해 무엇을 해야 할지 고민하고 행동해야 할 때가 아닌가?

제3장

우리의 비대칭 전력인
대북 심리전

역발산기개세(力拔山氣蓋世)를 꺾어버린 사면초가(四面楚歌)

진나라 말 전국에서 분기한 영웅호걸 가운데 가장 강력한 자는 항우였다.

그러나 기원전 202년 유방과 마지막 대결을 벌인 해하 전투에서 포위된 항우는 패배를 눈앞에 두게 되었다. 밤이 되자 사방에서 초나라 노래가 들려오고 대부분 초나라 출신인 항우의 병사들은 고향생각에 눈물을 흘리며 전의를 상실했다.

한나라의 심리전인 사면초가(四面楚歌)에 전의를 상실한 초패왕 항우는 애마 추와 연인 우희를 죽이고 800여 명밖에 되지 않는 잔여 지원군의 도움으로 간신히 적진을 돌파한 후 마지막 28명이 남을 때까지 싸웠으나 끝내 승기를 잡지 못하고 오강(烏江)에서 스스로 목숨을 끊었다. 이때 그의 나이 31살이었다.

그는 죽기 전 한밤중에 일어나 주연을 베풀고 애마 추와 연인 우미인의 죽음을 슬퍼하면서 다음과 같은 시를 남겼다.

역발산기개세(力拔山氣蓋世)　　힘은 산을 뽑고 기개 또한 세상을 덮을 만하나,
시불리혜추불서(時不利兮騅不逝)　때와 운이 불리해 추 또한 달리지 못한다.
추불서혜가내하(騅不逝兮可奈何)　추가 달리지 못하니 어찌해야 하는가?
우혜우혜내약하(虞兮虞兮奈若何)　우여, 우여 그대를 어떻게 하면 좋단 말이냐?

이처럼 2200년 전에도 사면초가(四面楚歌) 심리전은 역발산기개세를 꺾어버렸다.

대북 심리전 위력 입증하는 '지드래곤'과 '사면초가(四面楚歌)'

여진족을 약화시킨 조선시대의 심리전 '대야인 전광판'

중국 진나라를 멸망시킨 영웅 항우도 유방과의 마지막 대결인 해하 전투에서 한나라 심리전인 사면초가(四面楚歌)에 전의를 상실해 패배했다. 이러한 심리전은 조선 초기에 북방 여진족과의 국경 대립 시에도 적용했다. '대야인 전광판'이란 여진족의 국지적인 무력 도발에 대응하기 위해 평안도-함길도 국경지대에 커다란 판(3m~4m)을 세우고 여진 문자를 익힌 사람을 통사로 임명하여 판에 글귀를 써서 시각 심리전으로 활용했던 것을 말한다.

대표적인 선전 문구는 "조선에 귀순한 야인들은 따뜻한 쌀밥을 먹고 지낸다", "귀순한 야인은 높은 자리에 앉을 수 있다", "조선엔 미녀가 많다" 등이었고. 밤이 되면 화톳불을 지펴 야인들이 쌀밥을 볼 수 있게 하는 심리전은 굶주린 야인들에게 탁월한 효과를 보았다. 그래서 그들은 지속적으로 '전광판' 철거를 요구해 왔고 조정에서는 야인들의 노략질이 반복될 때마다 설치와 철거를 반복했다고 전해진다.

6·25남침전쟁 중 UN군에게 전개한 중공군의 징과 꽹과리

1950년 북한의 기습 남침으로 6·25전쟁이 발발했다. 국군과 미군을 주체로 하는 국제연합군은 낙동강 방어선으로 밀려났다가 9월 15일 인천상륙작전으로 전세를 역전시켰다. 남한 대부분의 영토를 수복한 뒤 38선 이북 압록강, 두만강 일대까지 북진했다.

UN군이 중국 접경지에 다다르자 중국인민지원군(중공군)이 개입했다. 북한에 중공군의 대규모 병력 파병으로 UN군의 우세가 다시 꺾였다. 양 진영 간 밀고 밀리는 전투 중에 1951년 7월 10일 소련이 휴전회담을 제의했다.

밀고 밀리는 전투란 낮에 UN군이 점령했던 고지를 밤에는 징과 꽹과리로 주의를 분산시키며 인해전술로 밀고 올라오는 중공군에게 빼앗기는 상황이 수차례 반복되는 진지 교착전으로 제공권이 없는 중공군에게는 최선의 방책이었고, 아군 진지 측후방에서 들려오는 징과

제복은 영원한 애국이다

꽹과리 소리는 아군 배치를 흔들고 피로를 가중시켜 집중 방어를 못하게 하는 심리전이었다.

한반도에서 군인과 민간인을 합쳐 수백만 명의 큰 인명피해를 남긴 6·25남침전쟁은 약 2년 동안 계속된 진지 교착전을 끝으로 1953년 7월 27일 판문점에서 UN군 총사령관 클라크(Mark Wayne Clark)와 북한군 최고사령관 김일성, 중공군 사령관 펑더화이(彭德懷)가 정전협정에 서명하면서 비로소 멈췄다.

지드래곤, 북한의 선군사상을 와해시키며 귀순을 유도하는 한류문화의 대북 심리전

한류문화 침투의 성과는 지대했다. 최근 인기를 끌고 있는 영화 〈강철비〉에서는 주인공인 북한 정찰국 소속 군관역의 정우성의 딸이 '지드래곤'의 노래를 좋아한다고 말한 것과 같이 세계적으로 유행하는 한류문화가 북한의 인민들과 군부대까지도 파고들었음을 알 수 있다.

또한 5발의 총탄을 맞으면서도 공동경비구역(JSA)으로 귀순한 북한군 총참모부 작전국 상좌의 운전병이었던 오창성 하전사는 걸그룹 '소녀시대'가 부르는 '지(Gee)'를 듣고 소녀시대와 한국영화를 좋아하게 됐다고 했다. 귀순 병사들을 신문하다 보면 대부분이 우리의 심리전을 보고 듣고 귀순을 결심했다는 증언이 많았다.

G-Dragon's 'Kwon Ji Yong' USB Release Opens Debate About What Makes an Album

6/19/2017 by Jeff Benjamin

지난 2017년 6월 20일 빌보드의 지드래곤 USB 앨범 보도.
(사진-빌보드 캡처)ⓒ뉴스투데이

중국의 병법서인 『황석공소서』와 『육도삼략』에도 적혀있는 유능제강(柔能制剛)이란 고사성어가 심리전의 중요성을 다시 한번 더 되새기게 했다.

노자의 『도덕경』에는 다음과 같이 심리전의 진정한 의미를 잘 말해주고 있다.

"세상에 부드럽고 약하기로는 물보다 더한 것이 없다. 더구나 견고하고 강한 것을 공격하는 데는 이보다 나은 것이 없다. …(중략)… 부드러운 것은 굳센 것을 이긴다는 것을 천하에 알지 못하는 사람이 없지만 능히 이를 행하지는 못한다"

노자가 강조한 것처럼 이제 우리는 대북확성기방송을 포함하여 전광판, 전단, 대면작전 등 모든 심리전을 확대시키는 행동으로 통일을 앞당겨야 하지 않겠는가…?

김정은, "K-팝은 '악성 암'이고, 북 여성들이 '오빠' 부르면 추방…"

한국의 문화적 침공은 김정은과 북한이 견딜 수 있는 수준을 넘어

"부드러운 것이 능히 단단한 것을 이기고 약한 것이 능히 강한 것을 이긴다(柔能制强 弱能制强)"라는 중국 병법 속에 있는 명언은 "사람도 태어날 때에는 부드럽고 약하나 그 죽음에 이르러서는 굳고 강해진다. 풀과 나무도 생겨날 때에는 부드럽고 연하지만 그 죽음에 이르러서는 마르고 굳어진다. 그러므로 굳고 강한 것은 죽음의 무리이고 부드럽고 약한 것은 삶의 무리이다. 또한 군대가 강하면 멸망하고 나무는 강하면 꺾인다. 강하고 큰 것은 아래에 위치하고 부드럽고 약한 것은 위에 자리잡는다"라는 의미이다. 중국 병법에서도 심리전의 중

북한 김정은 노동당 총비서가 2021년 6월 7일 당 중앙위원회와 도당위원회 책임간부 협의회에서 거수하는 모습 (사진-연합뉴스)

요성을 강조한 것처럼 K-팝 등 한국의 문화적 침공은 김정은과 북한이 견딜 수 있는 수준을 넘어 대처에 급급하고 있다.

남한의 방송을 보다가 적발되면 처벌 최고 15년형으로 강화

2021년 6월 10일 미국 뉴욕타임스(NYT)는 "김정은이 K-팝을 북한 젊은이들의 복장, 헤어스타일, 말, 행동을 타락시키는 '악성 암'으로 규정했다"면서 "국영 매체를 통해 이를 내버려 두면 북한이 '축축하게 젖은 벽처럼 무너져 내릴 것'이라고 경고하며 강력한 대책을 촉구했다"고 보도했다.

이는 신종 코로나 바이러스 감염증(코로나19) 방역 조치의 일환으로 지역 간 이동을 통제하고 집에 머무르는 시간이 길어지면서 북한 주민들 사이에 한국 음악, 드라마 등에 대한 수요가 덩달아 높아졌다는 관측이다.

특히 북한 젊은층인 MZ세대들은 그동안 '반사회적'이라는 탄압에도 영화, 드라마, K-팝 등을 꾸준히 소비하고 있어 한국 대중문화가 인기를 끌고 있는 것으로 알려졌다.

이에 김정은 북한 국무위원장이 K-팝을 '악성 암(vicious cancer)'이라고 부르며 북한 내 한류의 확장을 우려하고 있다.

뉴욕타임스는 K-팝을 밀반입했던 한 탈북자의 말을 인용해 "요즘 북한 젊은이들은 김정은에게 아무런 빚도 없다고 생각한다. 김정은이 가족통치의 기반을 잃지 않으려면 젊은층에 대한 이념통제를 더 확실하게 해야 할 것"이라고 밝혔다.

이에 따라 북한은 지난해 연말부터 청년 세대들의 '변화'를 통제하기 위한 각종 조치를 내놓고 있다. 2020년 12월 제정된 반동사상문화배격법은 남한 영상물 유포자에 대한 형량을 최고 사형까지 끌어올렸다.

북한전문매체 데일리NK에 따르면 과거엔 남한의 방송을 보다가 적발되면 최고 징역 5년형이 선고됐지만, 이 법 제정 후에는 최고 15년으로 강화했다.

해당 매체가 입수한 북한정권 문서에 따르면 북한 청년들은 한국 콘텐츠와 한국식 말투를 검색하고 있다고 한다.

예를 들어 북한 여성들은 그동안 데이트 중인 남성을 '동지'라고 칭했으나 '사랑의 불시착' 등 한국 드라마의 영향으로 '오빠'라고 부르기 시작했다고 한다. 김정은은 이런 언어들을 '변태적(perverted)'이라고 비판했으며, 남한 사투리를 모방하다 붙잡힌 사람들의 가족들은 경고의 의미로 도시에서 추방될 수 있다는 내용도 문서에 담겼다.

이러한 상황으로 미루어 볼 때 한국의 문화적 침공은 김정은과 북한이 견딜 수 있는 수준을 넘어선 것으로 '부드러운 것이 능히 굳센 것을 이긴다'는 유능제강(柔能制剛)이란 사자성어처럼 북한정권에 새로운 위협으로 나타났다.

대북 심리전 전광판은 〈강철비〉가 입증한 마음속의 핵폭탄

대북 확성기 방송 중 가장 위력적인 무기는 '다함께 차차차' 트로트

2016년 1월 다시 시작된 비무장지대(DMZ)에서의 대북 확성기 방송은 재개된 지 1년 만에 북한군 4명을 포함한 15명의 탈북 귀순자를 유도하는 성과를 올렸다.

방송내용 중 가장 효과적인 것은 사실을 그대로 전달하는 것이다. 북한 정치보위부 요원들이 대북방송은 허위 거짓날조라고 아무리 교육시켜도 매일 전달되는 일기예보가 정확히 일치되고, 북한 내부에서 알려지기 전에 북한 내부의 대규모 홍수 등 사건, 사고나 북한 선수들의 국제경기 결과를 사실대로 알려주면 나머지 내용도 신뢰하게 된다.

제복은 영원한 애국이다

더 중요한 것은 감성을 자극하는 내용이다. 부담 없이 듣고 흥얼거릴 수 있는 유행가 하나가 억압된 북한 사회엔 강력한 심리전 무기가 될 수 있다.

국방위 국정감사 보고서에 따르면 2004년 6월 대북방송이 중단되기 전 가장 방송을 많이 한 노래 베스트 5는 '꿈에 본 내 고향', '머나먼 고향', '고향역' 등 가수 나훈아 전성시대인 1980년대 가요였고, '팔도사나이', '멸공의 횃불' 등 일부 군가도 있었다고 한다.

1990년대 가요는 '네 꿈을 펼쳐라', '날개', '애모' 등이었고, 2000년대에 들어와서는 '사랑의 미로', '대동강 편지', '영일만 친구', '독도는 우리 땅' 등으로 선정되었다.

2017년에 선풍적으로 인기를 끌고 있는 영화 〈강철비〉에서는 주인공 북한 정찰국 소속 군관역의 정우성의 딸이 '지드래곤'의 노래를 좋아하는 것으로 묘사되어 세계적으로 유행하는 한류문화가 북한의 철옹성 장벽을 타고 넘고 있음을 알 수 있다.

대북 FM방송에서는 아예 북한 주민들이 선호하는 가요 184곡을 선정해 방송하는데 가장 인기 있는 노래는 트로트 '다함께 차차차', '또 만났네요', '칠갑산', '아파트' 등으로 나타났다. 또한 신세대들에게 유행했던 '어머나', '무조건', '곤드레 만드레'와 아이돌의 '심쿵해', '하늘바라기', '아츄', '그런날엔' 등도 전파를 타고 있다고 한다.

대북전광판은 북한의 권위주의 체제를 안으로부터 붕괴시키는 효과가 있음을 최근 개봉된 영화 〈강철비〉가 입증해주고 있다. 사진은 〈강철비〉 중의 한 장면. ⓒ뉴스투데이

대북전광판은 날아가는 총탄보다 무서운 마음속의 핵폭탄, 대북 사면초가(四面楚歌) 전략

북한 측도 멍청하진 않았다. 대남 방송용 확성기를 우리의 대북확성기와 같은 방향인 북쪽으로 돌려놓고 방송하는 것이 최근 군 당국의 감시에 포착됐다. 더 멍청한 짓처럼 보이지만 이렇게 배치하면 대북방송이 북측에서는 거의 들리지 않을 가능성도 배제할 수 없다.

그래서 우리 측은 예측할 수 없도록 불규칙하게 대북방송을 하고, 또 차량에 장치한 이동식 확성기로 장소를 바꾸어가며 방송을 하고

제복은 영원한 애국이다

있다고 한다. 그만큼 대북확성기 방송은 북한에 위협이 되는 것이다. 그런데 확성기방송보다 더 확실하게 효과적인 대북 심리전 방법이 있다.

2004년 남북합의에 의해 중단하기 전까지는 대북전광판 심리전을 전개했었다. 영상을 송출하기보다는 6개의 대형 전광판 안에 글자들을 조합하여 대북방송을 하는 장비이다. 6~8미터 높이의 글자라 1~3Km 거리에서도 보일뿐더러 밤에도 밝아 탈북자에겐 등대 역할을 해주기도 했다고 한다.

또한 전력난에 시달리는 북한 주민들에겐 밤에도 환하게 반짝거리는 대북 전광판은 날아가는 총탄보다 더 무서운 마음속의 엄청난 충격으로 다가올 수 있다.

게다가 일기예보, 때마침 한일월드컵 속보까지 북한 주민들에게 중계해주는 역할로 대북 심리전의 최상의 성과를 올릴 수 있었다. 지금이라도 전광판 심리전을 재개하면 확성기 방송과 함께 커다란 시너지 효과를 얻을 수 있을 것이다.

작금의 실태를 볼 때, 효과는 지대하나 정치적 목적을 위해 철거와 설치를 반복하고 있다. 그래서인가? 사면초가(四面楚歌)처럼 무서운 마음속의 핵폭탄 심리전의 역사는 여전히 유효하다.

총성 없는 전투 '대북 심리전', 김정은의 '공포'

총탄 대신 '사실' 쏘는 대북방송, 김정은 집단이 제일 무서워하는 대북 심리전

　우리 군의 대북방송은 2004년 노무현 정부 당시 최초로 중단되었다가 2015년 8월 4일 북한이 비무장지대(DMZ)에서 목함지뢰 도발로 우리 병사 2명에게 중상을 입혀 사과하지 않는 북한의 무책임을 응징하기 위해 11년 만에 재개되었다.

　적반하장(賊反荷杖)으로 우리 군 대북확성기 방송을 통해 대북 심리전을 펼치자 북한은 대북 확성기 방송 즉각 중단을 요구했다. 우리 군이 북한의 사과와 재발방지 약속이 없으면 중단하지 않겠다며 방송을

　　　　　　　　　　　제복은 영원한 애국이다

북한의 4차 핵실험에 대응하기 위해 정부가 2015년 '8.25 합의' 이후 중단했던 대북확성기 방송을 재개하기 위해 육군 장병들이 경기 연천군 중부전선에 있는 대북확성기 위장막을 걷어내고 있다. ⓒ국방부

이어 가자 대북방송 재개 열흘 만인 같은 달 20일 우리 군의 서부전선 대북확성기 방향으로 사격을 가하는 포격 도발을 일으켰다.

우리 군도 비무장지대에 포격을 가함에 따라 남북 간 포격전이 있었고 김정은은 준전시상태를 선포하면서 군사적 긴장이 최고조로 올랐다. 전면전 위협에도 불구하고 대북방송을 계속하자 북한은 꼬리를 내리고 대화를 제의하여 무박 4일간의 대화를 통해 북한이 목함지뢰 도발에 대한 유감을 표시하고 준전시상태를 해제하였다.

그때 우리는 남북 합의에 따라 비정상적인 사태가 발생하지 않도록 한다는 전제조건으로 군사분계선 일대에서 확성기 방송을 8월 25일 12시부터 다시 중단하였다. 역시 북한의 표리부동(表裏不同)한 행동은 오래가지 않고 재발되었다.

북한이 합의를 하고서 5개월도 채 안 되어서 남북한 비정상적인 사태가 발생하게 되었다. 북한이 2016년 1월 6일 제4차 핵실험을 전격적으로 실시한 것이다.

북한의 핵실험과 관련해 "정부는 국제사회와 긴밀한 협력 하에 북한이 이번 핵실험에 대해 반드시 상응하는 대가를 치르도록 해야 한다"고 말했다. 또한 "우리 안보에 대한 중대한 도발일 뿐만 아니라 우리 민족의 생존과 미래를 위협하는 일이고 나아가 세계평화와 안정에 대한 정면 도전"이라고 했다.

2017년 북한 군과 주민의 귀
순 일지 / 그래픽-뉴스투데이

제복은 영원한 애국이다

북한이 핵으로 우리를 위협하면 우리는 김정은 집단이 핵폭탄보다 더 무서워한다는 대북 확성기 방송 재개로 북한을 위협하는 절차를 다시 밟았다. 방송 중단 136일 만인 2016년 1월 8일 GOP 10개소에서 대북 확성기 방송을 재개하였다.

2017년 목숨 건 탈북 귀순 총 9회에 15명(군인 4명), 전방의 대북방송은 김정은 체제를 안에서 흔드는 비대칭 대북정책

김정은 집단이 왜 대북방송을 두려워하는지는 상기 표를 보면 알 수 있다. 지난해 군인 1명을 포함해 3회에 걸쳐 5명이 귀순한 것과 비교하면 3배가 증가한 것이다.

북한이 핵보유국 인정을 주장하며 핵미사일 도발을 지속하는 가운데 북한군과 민간인의 목숨 건 귀순은 확산일로에 놓여 있다. 이와 관련해 유엔결의에 따른 대북제재로 북한 경제사정이 더욱 힘들어지고 숙청 등 탄압도 가중되면서 내부 긴장이 위험 수위에 도달해 폭발 직전이 아니냐는 전망이 나오고 있다.

반면에 2017년 제3국을 경유해 들어온 탈북민은 961명으로 작년에 비해 16.8% 감소했다. 하지만 2000년 이후 2016년까지 북한군 귀순은 총 9건인데 2017년만 4명이 넘어왔다. 북한에서는 선군정책으로 군인은 민간인보다 나은 대접을 받는데도 귀순을 하고 있다. 대북 심리전의 효과가 크기 때문이다.

필자는 2000년도에 합참심리작전 담당을 했었다. 그때는 전광판, 대면작전, 전단살포, 확성기방송 등 다양한 방법을 통해 전선에 있는 북한 군인들과 인근 10~20Km 정도 거리의 마을까지 심리전을 전개했다. 특히 대형 전광판의 성과는 지대했다. 당시 귀순 병사를 신문하다 보면 대부분이 우리의 심리전을 보고 듣고 귀순을 결심했다는 증언이 많았다.

야간에 전광판에 게재하는 6~8m 크기의 대형 문자는 너무도 선명하게 보였다. 북한 군인과 민간인들은 우리의 기상예보를 보고 다음 날 행사에 참고했고, 타국에서 벌어진 체육경기 결과도 게재하여 북한 체육인의 승전보를 먼저 알려주는 등 사실(Fact) 그대로 전파하자 점차 신뢰를 하고 남한을 동경하는 심리가 확산될 수밖에 없었다.

전단살포작전은 초코파이와 1달러 지폐를 포함하여 선전문구 전단을 풍선에 실어 보내면 북한 주민들은 초코파이와 1달러를 빼놓고 신고하면서 전단도 보게 되어 감시가 있더라도 그 효과는 높았고 북한 군인들과 주변 민간인들은 어떤 계기만 되면 목숨을 건 탈출을 과감히 시도하게 되었다.

이러한 효과 때문에 남북협상 시 북한은 대북 심리전 중단을 최우선적으로 제시하며 어떻게든 내부 붕괴를 막으려고 시도할 것이다.

북한이 우리 군의 서부전선 대북확성기 방향으로 사격을 가하는 포격 도발을 일으켰을 때, 우리 군도 단호하게 비무장지대에 포격을 가

제복은 영원한 애국이다

하는 포격전을 가하며 대북방송을 지속하자 김정은은 준전시상태를 선포하면서 군사적 긴장이 최고조로 올랐다. 그러나 북한은 곧 방향을 전환하면서 협상에 나왔다.

모택동이 즐겨 활용했던 손자병법의 피실격허(避實擊虛)의 교훈을 잊지 말고 앞으로도 강한 북한 제재와 압박만이 평화를 지키며 통일을 앞당기는 지름길이라고 확신한다.

김정은의 신년사, 그의 '입'보다 '손발'에 주목하라

한미동맹 이간 위한 통한봉미를 통한 각개격파 갈라치기전략

그동안 핵과 미사일을 앞세운 김정은은 통미봉한전략으로 철저히 대한민국을 무시한 채 미국에게는 위협과 도발을 진행하는 대외 정책을 구사해 왔다.

2018년 1월 1일 오전 조선중앙TV로 30분간 방영된 김정은의 신년사 첫 대목에서 "미국은 결코 나와 우리 국가를 상대로 전쟁을 걸어오지 못한다"고 했다. 2017년 9월 6차 핵실험과 11월 ICBM(대륙간탄도미사일)급 '화성15형' 발사 등을 통해 핵개발, 발사수단을 완성하는 '역사적 대업 성취'를 강조하며 "미 본토 전역이 우리 핵 타격 사정권

북한 조선노동당 중앙위원회기관지 노동신문이 '평창 동계올림픽 참가' 제안을 골자로 한 김정은 조선노동당 위원장의 2018년 신년사를 1면에 사진과 함께 보도했다. (출처-노동신문) ©뉴스투데이

안에 있으며 핵 단추가 내 사무실 책상 위에 항상 놓여 있다"고 위협했다.

반면 평창 동계올림픽을 "민족 위상을 과시할 좋은 계기"라고 치켜세운 김정은은 "대표단 파견을 포함해 필요한 조치를 취할 용의가 있으며, 이를 위해 북남 당국이 시급히 만날 수 있다"고 밝혔다. 이는 우리의 대북정책 전환과 한미 대북 공조를 이간시키고 평화공세를 통해 한국을 고립시킨 뒤 각개격파하려는 갈라치기전략으로 보인다.

평창동계올림픽 이용 평화공세로 ICBM(대륙간탄도미사일) 완성
시간벌기 의도

　김정은은 "남조선 집권세력이 바뀌었으나 북남관계에서 달라진 건 아무것도 없다"며 현 정부에 불만을 토했다. 그러면서 "미국의 대조선 적대정책을 추종함으로써 북남 사이의 불신과 대결을 격화시켰다"고 전했다. 이것은 국제사회의 대북제재와 한미동맹의 지속이 북한에겐 실질적인 압박으로 엄청난 스트레스를 받고 있다는 반증이기도 하다.

　또한 "외세와의 모든 핵전쟁 연습을 그만둬야 한다"며 한미연합 군사연습 중단을 요구했다. 정부가 올림픽 기간 중에 키리저브 군사연습 연기를 고려하는 점도 파고들었다. 아마도 북한의 동계올림픽 참가 표명으로 조만간 공식화할 것이라 여겨진다.

　미 중앙정보국(CIA)은 한 달 전인 2017년 12월 초에 "북한의 ICBM(대륙간탄도미사일) 완성을 막을 기한은 3개월"이라고 경고했다. 김정은도 신년사에 "핵탄두와 탄도로켓 대량생산 및 실전 배치"를 언급했는데, 평창동계올림픽 후 북태평양 상으로 ICBM(대륙간탄도미사일)을 발사할 경우에는 북한에 뒤통수를 맞고 김정은의 시간 벌기 전략에 말려들었다는 비판이 정부에 쏟아질 수도 있었다.

　　　　　　　　제복은 영원한 애국이다

궁지에 몰려 평화 외치는 김정은의 '입'보다 책상 위에 핵버튼 놓아둔 그의 '손발'이 진짜 변수

김정은의 신년사 발표 7시간 만에 청와대는 "환영한다"는 공식 입장을 냈다. 이어서 통일부는 9일 판문점에서 남북고위급 회담을 개최하는 방안을 추진한다고 발표했다.

2017년 7월 문재인 대통령의 베를린 선언 대북 제안을 거부해온 북한이 무시전략에서 전환하여 화답했다는 점에서 정부의 고민은 크다. 대북제재 국면에서 한국만 남북대화로 유턴하는 것은 부담이다. 그동안 무수히 북한에 속아와 싸늘하게 식은 국민들의 대북 감정을 달래는 것도 쉽지는 않을 것이다.

게다가 동계올림픽이 끝나고 평창 패럴림픽 전에 완성된 ICBM(대륙간탄도미사일)이 북대서양을 향해 마지막 발사시험을 할 때는 돌이킬 수 없는 상황이 될 것이다. 김정은이 탄도로켓 대량생산과 실전배치를 언급한 것은 하시라도 실험사격을 재개할 수 있다는 것을 암시한다.

그런데 남북협상 시 북측이 심리전 확성기 중단과 한미 연합훈련 중단을 요구할 때 정부는 어떻게 대처할지 걱정이다. 북한은 변한 것이 하나도 없이 그들의 계획대로 진행하면서 우리의 한미동맹 등의 대처를 무력화시킬 것이 뻔하다.

우리는 북한이 왜 올림픽 참가와 대화를 요구했는지 알아야 한다.

그들은 과거부터 항상 상대가 강할 때 협상을 제시해 온다. 이번에도 국제적인 제재에 따른 압박을 견딜 수 없고, 평화올림픽을 요구하는 세계인들의 아우성과 여론의 지탄에서 벗어나 시간을 벌기 위한 꼼수인 것이다.

트럼프는 "We will see.(지켜 보겠다)"라고 했다. 군사옵션 시행준비를 포기하지 않고 북한의 대응을 살펴보겠다는 것이다. 미국도 우리 못지않게 너무도 많이 북한에 속아왔다. 믿을 수가 없기에 미국의 군사옵션 준비와 대북제재 진행을 계속하겠다는 것이다.

우리는 이 같은 북한의 현 실태를 정확하게 인식하고, 우리의 대북 심리전과 경제제재조치를 포기하는 비굴한 선택을 해서는 안 된다. 불쌍한 북한을 도와준다는 자세로 협상에 임하며 한미동맹을 더욱 공고히 하는 가운데 평창동계올림픽 참여를 유도해야 한다.

그리고 핵버튼을 거머쥔 김정은의 유화공세에 속지 말고 올림픽 이후 도발할 것에 대비해야 한다. 즉 김정은의 입보다는 손과 발에 더 관심을 갖고 신중한 대북정책을 구사해야 한다.

김정은의 어리석은 행동은 오히려 한미동맹의 강력한 조치로 비핵화가 조기 실현되어 통일의 길을 앞당길 수 있는 촉매제가 될 수도 있다는 것도 고려해야 한다.

김영남의 눈물이 숨긴 新냉전구도

김영남, 개막식, 단일팀 경기 보고 울컥,
현송월 예술단 공연서 세 번 눈물

북한 고위급 대표단을 이끌고 방한한 김영남(90세) 북한 최고인민회의 상임위원장은 2박 3일간 한국에 머물면서 적어도 5차례 눈물을 보였다.

김 상임위원장은 2018년 2월 9일 밤 열린 평창올림픽 개막식에 김여정 노동당 중앙위원회 제1부부장과 함께 참석했다. 그는 남북 선수단이 한반도기를 들고 입장하자 자리에서 벌떡 일어나서 남북 선수단을 향해 두 손을 번쩍 들어 만세를 부르는 듯한 모습을 보이며 감정이

김영남 북한 최고인민회의의 상임위원장이 2018년 2월 11일 오후 서울 중구 국립중앙극장에서 삼지연 관현악단을 비롯한 북한 예술단의 공연을 관람하며 눈물을 흘리고 있다.

북받친 듯 하염없이 눈물을 흘렸다. 또한 10일 남북 여자 단일팀 아이스하키 경기에서도 "우리는 하나다"는 구호를 보고 눈물을 흘렸다.

또한 그는 11일 밤 삼지연관현악단 서울 공연을 관람하면서도 세 차례 눈물을 흘렸다고 한다. 이날 이낙연 총리가 주재한 오찬에선 그는 "북남 관계가 개선되고 조국이 통일되는 그날이 하루속히 앞당겨지게 되리라는 확신을 표명한다"라고 했다.

김영남의 눈물과 발언으로 우리 국민들은 곧 남북 평화통일이 이루어질 날이 앞당겨질 것 같은 감정에 휩싸였지만, 제임스 매티스 미국 국방장관은 11일(유럽 시각) 평창 동계올림픽을 계기로 조성된 한국과 북한의 긴장 완화가 올림픽이 끝난 후에도 이어질 것이라 말하기는 아직 이르다는 견해를 밝혔다.

김영남의 눈물은 진심일지 모르지만 북핵을 포기하지 않는 상태에서 단지 꼭두각시 노릇을 하는 것으로 보이는 이 상황은 녹록지는 않았다.

유럽 순방 중인 매티스 미 국방부장관은 이날 로마에서 기자단에게 "긴장을 낮추기 위한 방법으로 올림픽을 이용하는 것이 올림픽이 끝난 후에도 견인력이 있을지 지금으로선 알 수 없다"고 말했다고 AP는 전했다.

그는 "남북 대화 국면에서도 김정은은 4월 25일 기념하던 조선인민군 창건일(건군 70주년)을 올해는 평창올림픽 개막 전날로 앞당겨 열병식을 하고 대륙간탄도미사일(ICBM)을 과시했다"며 "김정은이 미국의 꼭두각시라고 수차례 공격한 나라(한국)에 진심으로 해빙 의지를 보여주려던 것이라면 북한 열병식 시기는 이상하다"고 말했다.

매티스 장관의 발언은 김정은 북한 노동당 위원장의 특사 자격으로 한국을 방문한 그의 여동생 김여정 당 중앙위원회 제1부부장이 10일 김정은을 대신해 구두로 문재인 대통령의 북한 방문을 초청한 후 나왔다. 반면, 로이터통신은 "문 대통령과 김정은의 만남이 성사되면 북핵문제에 외교적 해법을 추구하는 문 대통령에게 큰 외교적 성과가 될 것"이라고 전했다.

도널드 트럼프 미국 행정부는 북한의 평화 공세에도 북한에 최대 압박을 한다는 방침을 고수하고 있다. 트럼프 행정부는 미국과 북한이 대화를 하려면 북한이 먼저 핵무기 추구를 포기해야 한다고 압박하고 있다.

이어 매티스 장관은 남북 대화 분위기에도 한미동맹은 틀어지지 않는다고 강조했다. 앞서 마이크 펜스 미 부통령은 평창올림픽 개막식 참석 후 귀국하는 비행기에서 "북한이 핵과 탄도미사일 프로그램을 포기할 때까지는 북한을 경제, 외교적으로 계속 고립시켜야 한다는 데에 한미일 간에 조금의 의견 차이도 없으나 북의 행동에 따라 북미 대화도 할 수 있다"고 말했다.

이런 상황을 종합해 볼 때 남북과 미북 그리고 남북미의 치열한 줄다리기 경기는 고도의 심리전으로, 정상회담 중에 보인 어설픈 미소 속의 악수와 김영남이 보인 눈물이 숨겼던 신냉전구도를 감지하게 만든다.

박근혜 3.20 사이버 테러 당시 '북한 보복공격' 지시, 옥중정치 개시도 같은 맥락

정치권 고위 관계자, "박근혜의 정치 스타일은 받은 만큼 돌려주기, 재판 거부도 그 행보의 시작" 분석

　박근혜 전 대통령이 2013년 3월 20일 발생한 북한의 '3.20 사이버 테러'와 관련해 정부 고위 당국자에게 북한에 대한 '보복 사이버 심리전 전개'를 지시했던 것으로 확인됐다. 3.20테러는 북한 정찰총국의 주도로 KBS, MBC, YTN, 농협, 신한은행 등 방송, 금융 6개사 전산망 마비 사태가 발생한 사건이다.

　당시에 박 전 대통령은 3.20사이버 테러가 발생한 이후인 4월 초에 김장수 청와대 안보실장의 대면보고를 받았다. 이때 필자는 청와대

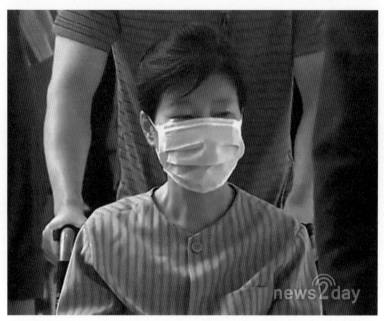

박근혜 전 대통령이 구속연장이 된 이후 '정치 보복'에 대한 단호한 대응 행보에 들어간 가운데 2017년 8월 30일 오전 구치소를 나와 허리 통증으로 진료를 받은 후 휠체어를 타고 돌아가는 모습. (사진-YTN캡처)

위기관리비서관으로 김장수 실장과 함께 박 대통령에게 대책을 직접 보고했다.

보고를 받던 박 전 대통령은 3만 2천여 대의 주요 기관 컴퓨터가 일제히 마비되는 초유의 사이버 테러가 북한 정찰총국의 공격에 의해 이뤄졌다는 필자의 보고를 받자 "저쪽(북한이)이 우리를 공격해온 만큼 우리도 (보복)공격을 해야 한다"고 강조했다.

이어 박 전 대통령은 "부당한 공격을 가해온 만큼 반드시 상응하는

제복은 영원한 애국이다

대가를 치르게 해줘야 한다"며 "사이버 심리전 등 대응 공격 방법을 모색해 보라"고 지시했다.

이 말에 김장수 실장은 잠깐 당황했고, 그때 필자가 나서며 "북한은 컴퓨터망이 충분히 발달되어 있지 않아 우리가 보복 사이버 공격을 할 수 없습니다"라고 보고했고 이어 "북한의 컴퓨터 시설이 후진적이기 때문에 선진적인 사이버 공격이 효과를 발휘할 수 없는 구조입니다"라고 설명했다.

위기관리비서관이던 필자의 말을 들은 박 전 대통령은 북한에 대한 보복 공격이 불가능한 것에 대해 아쉬움을 표하면서 '사이버비서관' 신설을 지시했다. 이는 3.20테러가 사이버비서관이라는 새로운 제도를 만드는 계기가 되었고, 필자는 박 전대통령이 결기가 강한 인물임을 느꼈다.

문재인 정부 시절에 박 전 대통령의 구속이 연장되면서 사실상 재판을 거부한 것은 이 같은 결기와 받은 만큼 돌려준다는 정치가로서의 신념의 일환으로 보였다. 박 전 대통령은 문재인 정부의 재판 진행 과정이 부당하다고 판단한 만큼 3.20테러 당시 북한 보복 공격을 지시하는 심정으로 '옥중 정치'에 나선 것으로 여겨졌다.

제4장

한미동맹과
연합훈련

김정은은 8차 당대회 사업총화보고서에서 "남측 태도에 따라 '3년 전 봄날'로 돌아갈 수도 있다"며 연합훈련 중단 등을 선결 조건으로 강하게 내세웠다.
그러나 우리는 역사를 돌이켜보며 그의 말을 검토해야 한다.
가까운 일본에서도 적의 말을 믿고 따르다 패망에 이른 역사를 찾을 수 있다.

오사카성의 성주 히데요리는 이에야스의 거짓 화평을 받아들여 성을 둘러싸고 있는 방어물인 해자를 메웠는데, 이에야스는 해자가 없어지자마자 돌변하여 성을 공격했다. 오사카성은 바로 함락되고 히데요리와 그 가족은 자결했다.

"적의 말을 믿는 바보가 어디에 있나?"

이에야스가 오사카성을 함락한 후 한 말로 전사에 기록되어 전해지고 있다.
그의 말처럼 적을 믿고 화평을 구걸하는 비겁한 평화는 없다.

현재 한미동맹은 오사카성을 지켜주던 해자 같은 우리의 마지막 보루이다.

한미 국방장관 회담,
실전적인 한미동맹연습 환경조성 기대

한미 국방장관은 19-1차 동맹연습이 아주 성공적이었다고 자랑…

정경두 국방부장관과 패트릭 새너핸 미 국방장관 대행이 2019년 4월 1일 미 국방부 청사에서 한미 국방장관회담을 개최했다.

이날 회담에는 한국 측에서는 정 장관과 조윤제 주미대사, 정석환 국방부 국방정책실 실장 등 7명이, 미국에서는 새너핸 대행과 존 루드 국방부 정책차관, 에이브럼스 사령관, 랜달 슈라이버 국방부 아태안보담당 차관보, 마크 내퍼 국무부 동아태 부차관보 대행 등 7명이 참석했다.

새너핸 대행은 모두발언에서 최근의 한미연합훈련을 거론하면서

"아주 성공적이었지만 우리는 가을 훈련에서 이뤄낼 수 있을 개선점들도 파악했다"고 말했다. 키리졸브 연습을 대체해 지난달 4~12일 처음으로 실시된 19-1차 동맹연습 등에서 수정이 필요한 지점들이 포착됐다는 의미로 보이지만 섀너핸 대행은 자세한 설명은 하지 않았다.

그는 정 장관에게 "최근의 훈련을 진행하는 데 있어 개인적 노고에 대단히 감사드린다"면서 "로버트 에이브럼스 주한미군사령관이 우리에게 (연합훈련 진행에 대한) 점수를 매겨주려고 여기 와 있어서 우리는 대단히 운이 좋은 것"이라고 말했다. 또한 한미연합훈련 축소가 준비태세를 약화시킬 수 있다는 우려에 대해 "훈련을 축소한다고 생각하지 않는다. 우리는 역량을 키우는 것"이라고 말했다.

이어 "우리는 (준비태세에) 공백이나 끊어짐(seam)이 없음을, 그리고 이 훈련들을 계속해서 쌓아나간다는 것을 분명히 하고 싶다"면서 "(정장관과 지난) 3월 훈련에서 파악된 교훈 및 (앞으로 있을) 9월 훈련을 논의할 것"이라고 부연했다.

그러나 일부 안보전문가들은 몇 가지 문제점들을 지적했다. 이번 19-1차 동맹연습에서는 대규모 실병기동훈련이 없었다. 미국군의 전략자산도 전개되지 않았으며, 한국군 부대의 전개 규모도 대대급 수준으로 축소됐다. 모든 연합작전의 필수 요건인 상호운용성(Interoperability) 보장을 위한 활동을 제대로 체험하고 숙달하지 못하는 문제가 제일 염려된다는 것이다.

둘째로는 전쟁 지원 측면이다. 한반도 유사시 유엔사는 외교 경로

제복은 영원한 애국이다

정경두 국방부장관이 2019년 4월 1일 미 국방부 본청에서 패트릭 섀너핸 미 국방부장관대행과 회담하고 있다.(사진제공-연합뉴스)

를 통해 유엔사 회원국들과 협조한 후, 지원국의 전력 및 물자들을 한국의 항구 및 공항으로 이동시키고, 이어 한반도 내에서 전방으로 이동해 통합하는 수용-대기-전방이동-통합(RSOI: Reception, Staging, Onward Movement, and Integration)의 단계를 거쳐 작전 현장에 전개 및 재배치하는 일련의 체계를 조정, 통제하는 책임을 맡고 있다.

유엔사는 '전력제공자(Force Provider)'로서 전쟁 및 작전 지원 기능을 수행한다. 그런데 이번 19-1차 동맹연습에서는 이처럼 중요한 RSOI 훈련을 실시하지 않았다.

실제 전력과 물자를 이동시켜 운용하는 절차를 숙달하지 못하는 현실에선 차선책으로 지휘소 연습(CPX), 도상 및 현지 전술토의(TTX), 주요 부대의 지휘조 기동훈련 등의 형태로 상·하급 사령부의 지휘관 및 참모 절차를 숙달하고 이동 경로상 주요 지점에 대한 방호작전 등을 실시할 수 있다.

연합군의 전쟁 수행과 작전 수행에 대한 한미 양국 정부의 지원 역할과 협력 활동은 전쟁지속능력을 좌우하는 결정적 요소이다. 그런데 앞으로 19-2차 동맹연습에서는 한국 정부의 을지연습과 양국군의 프리덤가디언 연습을 분리해 실시한다는 계획이다.

많은 안보전문가, 실질적 한미군사동맹을 위해선 해야할 일이 산적

그러면 한미 양국 정부의 기능별 대표자가 참석해 전쟁지원 관련 의제들을 협의하는 '유관기관협조회의' 기능은 유명무실해질 것이다. 이 때문에 한국 정부는 연습 시나리오에 기초하여 군사작전 상황 변화와 연계된 외교, 법무, 동원 분야에서 정부 지원 문제를 식별해 전시 계획과 실행 체계를 발전시켜 나가기 어렵다고 분석했다.

한편 정 장관은 한미국방장관회담의 모두발언에서 강력한 한미동맹을 거론하며 "최근 성공적으로 마친 동맹 연습을 통해서도 이를 재확인할 수 있었다"면서 "북한의 완전한 비핵화와 항구적 평화정착을 위한 한미정부의 외교적 노력을 군사적으로 지원하는 매우 모범적 사례로서 그 의미가 크다고 생각한다"고 말했다.

또한 "한국 국방부는 '조건에 기초한 전작권 전환'을 체계적이고 적극적으로 추진하고 있다"며 "한국군이 미래 한미연합방위태세를 주도할 수 있는 핵심군사능력을 조기에 갖출 수 있도록 한국은 국방비를 2018년 대비 8.2% 증액하는 등 '책임국방'을 위해 모든 역량을 집중하고 있다"고 강조했다.

"특히 4월 11일 한미정상회담을 통해서 북한의 완전한 비핵화와 평화정착을 위한 북미 간 대화재개방안이 마련될 수 있기를 기대하며 한미 국방당국은 지금처럼 외교적 노력을 군사적으로 뒷받침할 수 있도록 한팀으로 더욱 긴밀하게 협력해 나가기를 기대한다"고 당부했다.

그러나 정 장관의 긴밀하게 협력해 나가는 한미동맹에 대한 기대가 구현되려면 많은 안보전문가의 주장처럼 적정 시기에 안정적으로 전작권을 전환하기 위해 한국군이 연합방위체제를 주도할 능력과 태세를 실질적으로 구비해야 한다.

이를 위해 '조건에 기초한 전작권 전환계획'(COTP: Condition Based OPCON Transition Plan)을 기초로 한국군이 기본운용능력(IOC: Initial Operational Capability), 완전운용능력(FOC: Full Operational Capability), 완전임무수행능력(FMC: Fully Mission Capability)을 검증할 수 있도록 실전적 연습 및 훈련 환경이 최대한 조성되도록 국방장관회담이 잘 성사되길 기대했다.

속빈 강정된 한미정상회담,
멋있는 남북미 3박자 왈츠로 결실 기대

실속 없어 보이는 한미정상회담, 트럼프는 '빅딜·제재유지' 재확인

2019년 4월 11일은 남북미 3개국이 각각 성대하고 화려해 보이지만 2%가 부족하고 어설픈 '3박자 왈츠'를 시작한 날이다.

11일 백악관에서 열린 한미정상회담은 일단 제3차 북미정상회담 추진을 비롯해 북미 비핵화 대화 재개에 대한 양국 정상의 의지를 확인했다는 데 의미가 크다.

이번 정상회담은 특별히 새롭게 제기된 합의 및 발전사항이 없던 '속빈 강정' 같았으나 '하노이 담판' 결렬 이후 급격히 저하된 북미간 비핵화 대화의 동력을 되살려낼 수 있는 모멘텀을 확보했다고 평가할

제복은 영원한 애국이다

2019년 4월 11일 열린 한미정상회담 시 양국 대통령과 북한 최고인민회의 모습(사진제공-연합뉴스)

수 있다.

　문재인 대통령은 제3차 북미정상회담의 필요성을 적극적으로 언급했고 트럼프는 '빅딜·제재유지'를 재확인하며 남북회담을 통해 "북한 김정은의 입장을 알려 달라"고 주문했다.

　따라서 북미 간에 급격하게 대화 프로세스를 재가동하기보다는 남북정상회담이라는 '중간단계'를 거치는 쪽으로 양국 정상의 뜻이 모아진 것으로 풀이된다.

　북한의 중앙통신은 "최고인민회의 제14기 제1차 회의 1일 회의가 4월 11일 만수대의사당에서 진행됐다"며 "김정은 동지를 국무위원회 위원장으로 높이 추대했다"고 한미정상회담과 같은 날에 밝히며 자력갱생과 비핵화의 추진을 강조해 여지를 남겼다.

　특히 김정은 집권 이후 최고 실세로 평가받았던 최용해 부위원장이 김정은 국무위원장 다음인 제1부위원장뿐만 아니라 최고인민회의 상임위원회 위원장을 맡으면서 향후 북한 내에서 영향력이 커질 것으로 전망됐다. 명실상부한 2인자로 공식화된 그의 위상은 북한과 미국의 비핵화 협상에도 긍정적 영향을 줄 것이라는 관측도 제기됐다.

상해, 시드니 등지에서 대한민국 임시정부 수립 100주년 행사,
2%가 부족한 남북미 同床異夢 속, 멋있는 3박자 왈츠로 완성될까…

한편 미 연방의회 최초로 "대한민국 임시정부 수립 100주년을 기념하고, 1919년 4월 대한민국 임시정부 수립이 한국 민주주의의 태동과 성공, 번영의 토대가 되어 건국의 시초임"을 공식 인정하는 내용을 담은 미 의회 결의안이 10일 상하원에서 발의됐다.

또한 대한민국 역사의 시원지인 중국 상하이(上海), 임시정부의 마지막 활동지인 중국 충칭(重慶)과 서울을 비롯한 호주 시드니, 대만 타이베이까지 세계 각지에서 임시정부 수립 100주년을 기념하는 행사가 성대하게 치러졌다.

그런데 임정 100주년 기념일은 '기적의 역사'를 온 국민이 축하하고 기념하는 날이어야 했으나 방미 중인 문 대통령은 대독(代讀)할 기념사 한마디 남기지 않았다. 그게 어려운 일인지 도저히 이해할 수 없다.

얼마 전까지도 문 대통령은 "2019년은 대한민국 건국 100주년"이

제복은 영원한 애국이다

대한민국 시원지인 상하이서 열린 임정 100주년 기념식(사진제공-연합뉴스)

라며 강한 애착을 보였다. 그러나 작년 4월 남북정상회담 이후 '건국 100주년'은 갑자기 사라졌고, 정작 임정 100주년 날에 기념사조차 내놓지 않았다.

대통령 직속위원회는 서울 도심에 주요 독립운동가의 대형 초상화를 내걸면서 임시정부 초대 대통령인 이승만을 빼놓았다. 일부 시민이 주장하듯, "대한민국을 '태어나지 말았어야 할 나라'라고 폄훼하던 세력이 권력을 잡고 온갖 곳에서 기적의 역사를 부정하고 지우는 데 바쁘다"라는 등의 오해를 받는 2% 부족함을 남겼다.

2019년 4월 11일은 무성하게 말만 많았고 실질적인 결실은 없었으나 국내외에서 '건국 100주년'의 의미를 국민들이 다시 한번 되새김질할 수 있었다. 이것은 사회단체와 건전한 시민들의 노력의 대가였다.

또한 한미 정상회담에서는 북한의 FFVD(최종적이고 완전하게 검증된 비핵화)를 달성할 때까지 제재를 이어가겠다는 기조를 유지하면서도 약간의 여지(a little space)를 남겨둔 '빅딜·제재유지'를 재확인했다.

따라서 북한은 비핵화의 마스터 플랜을 수립하여 '일괄타결식 빅딜론'을 대치(代置)하고, 일정 정도의 단계별로 시행하는 비핵화 진전을 위한 '단계적 대북보상'이라는 절충안을 받아들여야 한다. 이는 문 대통령이 트럼프에게 제시하여 북미간 비핵화 대화의 동력을 되살려낼 '연속적 조기수확(early harvest)'이라는 구상을 북한이 잘 수용할 때만이 가능하다는 또 하나의 과제를 남기고 있다.

'대한민국 건국 100주년'을 보내면서 남북미관계에서도 왈츠의 3박자처럼 천천히 단계적으로 할 것은 슬로우(slow), 슬로우(slow)로, 시행 가능한 것들은 퀵(qick), 퀵(qick)으로 빠르게 시행하며 뜻있는 성과와 멋을 낼 수 있는 '남북미 동상이몽(同床異夢) 속에 3박자 왈츠'로 완성되기를 기원했으나 문 정권은 결국 빛좋은 개살구로 임기를 마치고 정권은 교체됐다.

제복은 영원한 애국이다

트럼프의 '포용견제'와 푸틴의 '루저동맹' 사이에 시진핑의 묘수는…?

잔인한 4월에 겪는 한미·북러정상회담과 동물국회의 암울한 모습

1948년 노벨문학상을 수상한 TS엘리엇은 4월은 가장 잔인한 달이라고 '황무지'라는 시에서 말했다. 감상적인 시였지만 현대인에게는 절실하게 피부로 느끼는 말이다.

4월이 되면 한 해 동안 돈을 번 소득세, 주민세 등 모든 세금이 연말정산되어 한꺼번에 청구된다. 버는 돈은 빤한데 4월은 보너스도 수당도 없고 세금만 나가니 주머니 사정을 볼 때 답답한 잔인한 4월이 될 수밖에 없다.

특히 2019년 4월은 우리나라에 너무도 잔인했다. 11일 한미 정상

북러의 '루저동맹'과 우려되는 시진핑의 묘수?(사진제공-연합뉴스)

회담에서 소득 없는 먼 길을 돌아왔고, 25일 김정은 위원장과 푸틴 대통령이 북러정상회담을 가졌다. 그 와중에 그동안 '식물국회'였던 여의도는 '동물국회'로 변모해 난장판이 되었으며 국민들 주머니 사정도 좋지 않은데 경제는 더욱 쪼그라들었다.

4.27판문점선언 1주년은 김정은 위원장이 무반응인 상태에서 문대통령도 불참한 가운데 남측만이 주관해서 '먼 길'을 주제로 문화공연을 개최했지만, 조촐한 행사로 치러 1년 전 남북화해 평화가 곧 올 것 같았던 기대는 '혹시'에서 '역시'로 끝나는 것 같았다.

그나마 트럼프 미국 대통령이 26일 백악관에서 기자들과 만나 "북한 비핵화 문제와 관련, 러시아와 중국이 미국을 돕고 있다"고 밝힌 것이 러시아를 포용하며 북한을 견제하는 역할을 하여 기대의 끈을 놓지 않게 했다.

제복은 영원한 애국이다

북러 '루저동맹'과 트럼프의 '포용 견제' 전략 충돌의 결과는?

사실 북러정상회담을 일각에서는 '루저(loser)동맹'을 만드는 회담이라고 했다. 북한과 러시아는 미국에 의한 경제제재로 경제적 미래가 보이지 않는 국가들이다. 북한은 비핵화 문제로 러시아는 미 대선 개입 의혹으로 미국 의회에 의한 추가 제재가 추진되고 있기 때문이다.

북러 경제관계는 1990년대 구소련 몰락 이후 와해됐다. 1990년대와 2000년대를 거치면서 다소 복원됐지만 북한의 대러시아 무역량은 2017년 말 기준으로 전체의 1.4%에 불과하다. 1위인 중국이 무려 94.8%를 차지하고 있다.

이와 관련 김 위원장은 푸틴 대통령에게 '북러 유대관계'의 복원과 '경제지원'을 요청했을 것으로 예상된다. 하지만 러시아가 2017년에 동참한 유엔의 대북제재를 완화해 줄 수 있는지에 대한 푸틴의 의지를 타진하는 선에서 끝났을 것이다.

더욱이 푸틴 대통령은 '단계적-동시적' 비핵화 방식에 원칙적으로 공감한 것으로 알려졌다. 이번 회담을 계기로 북한 비핵화문제를 해결하기 위한 '6자회담'의 틀을 복원시키는 방안을 추진할 것으로 전망된다.

이는 북핵문제에서 소외된 러시아와 일본의 희망사항이지만 북미간 양자문제로 국한시켜 주도적으로 '선(先)비핵화-후(後)제재완화'라는 빅딜방식으로 해결하려는 트럼프 대통령의 구상과는 배치된다.

존 볼턴 미국 백악관 국가안보보좌관은 2019년 4월 28일 북핵 해결의 방식으로 블라디미르 푸틴 러시아 대통령이 최근 거론한 6자회담에 대해 미국이 선호하는 방식이 아니라고 밝혔다.

마이크 폼페이오 미국 국무장관도 4월 24일 공개된 CBS방송과의 인터뷰에서 북미 비핵화 협상과 관련해 "돈다발만 건넨 과거 협상의 실수는 되풀이하지 않겠다"면서 "협상은 평탄치 않고 도전적이겠지만 김정은 위원장의 '전략적 결정'에 달려 있다"고 김 위원장의 '백기 투항'을 압박했다.

반면 러시아에 파견된 북한 노동자들이 북러정상회담 결과에 '실망스럽다'는 반응을 보이고 있다고 자유아시아방송(RFA)이 26일 보도했다. "파견 근로자들은 이번 회담에서 보다 안정적으로 러시아에서 일할 수 있는 조치가 나오길 기대했다"며 노동자 추가 파견, 경제지원, 비자 문제 등 실질적인 진전은 없었다는 의미이다.

최근 이들은 "작년부터 러시아의 노동 비자 발급이 중단돼 파견 근로자들이 3개월짜리 교육연수 비자를 받고 있다"고 전하며 "이를 재발급받기 위해 3개월마다 러시아 밖으로 출국했다가 다시 입국하는 과정을 거치며 많은 비용을 허비하고 있다"고 고충을 털어놨다.

트럼프의 '포용 견제' 전략이 먹힌 것이다. 반면 트럼프는 한국이 F-35A를 추가로 20대 구입하여 총 60대 판매하는 성과도 올렸다. 'First America'가 또 구현되는 순간이었다. 덕분에 우리 군은 주변국의 공군력에 상응하는 능력을 보유할 수 있게 됐다.

북러의 '루저동맹'과 우려되는 시진핑의 묘수?(사진제공-연합뉴스)

트럼프나 김정은에게 할 말은 하고 싸울 건 싸우기 위한 히든카드를 준비하는 교토삼굴(狡兎三窟) 지혜 필요

한편 4월 27일 베이징 근교 휴양지 옌치후에서 열린 '중국 일대일로 포럼'에 참석한 푸틴 러시아 대통령이 시진핑 중국 국가 주석에게 북러정상회담의 결과를 설명하며 "러시아와 중국은 한반도 문제 해결에 대한 공동 구상을 갖고 있다며, 한반도 전쟁 당사자들의 관계를 정상화해야 한다"고 강조했다. 6자회담을 염두에 둔 듯한 발언이었다.

트럼프 대통령도 이에 질세라 "난 우리를 도우려는 중국과 러시아에 감사의 뜻을 전한다"며 중국과 러시아를 끌어안으며 북한을 압박하는 '포용 견제' 정책을 구사했다.

앞서 중국 관영매체인 신화통신이 "북러정상회담은 한반도 다자대화 체계 구축에 도움이 된다"고 보도한 것 역시 같은 맥락이었다. 하노이 북미정상회담 결렬 후 별다른 진척이 없었던 북한의 비핵화 논의가 다자대화로 탄력을 받게 될 수도 있다. 또한 시진핑의 묘수가 나올 수도 있다.

이에 북한 김정은 국무위원장은 계속해서 시진핑을 이미 만났고, 김 위원장의 방중 시 최고 국빈대우를 받는 상황에서 "만약 트럼프의 압박으로 김정은이 막다른 길까지 몰리게 될 때 그는 어떤 선택을 할 수 있을까?"를 생각해 볼 필요가 있다.

2019년 4.11 한미정상회담과 4.25 북러정상회담 이후 문재인 대통령의 중재로 다시 북미회담이 열리더라도 비핵화 시행과정에서 합의가 파기된다면, 국제적 압박과 존폐 위협을 받는 김정은은 체제안전 보장을 위해 선택할 수 있는 길은 두 가지가 있다고 분석된다.

그 첫째는 핵무기를 미국으로 반출하는 것이 아니라 중국으로 보내고 비핵화를 했다고 선언할 수도 있다. 그러면 일단 미국의 칼날을 피하고 중국에 의지할 수 있기 때문이다.

둘째는 리비아 카다피나 루마니아의 차우세스쿠처럼 될 위기에서 김정은은 체제의 안전보장을 담보로 시진핑에게 중국의 자치구로 편입을 요청할 수도 있다. 그러면 현재 중국 5개 자치구의 군대 성군구 사령부처럼 북한군도 중국 인민해방군이 된다면 핵도 그대로 보유할 수도 있기 때문이다.

북한이 만약 이 두 가지 중 어느 것을 선택하더라도 한국과 미국은 '닭 쫓던 개꼴'이 될 수밖에 없고 시진핑은 쉽게 북한을 완전히 접수하는 '손 안 대고 코를 푸는 격'이 된다.

이미 6·25남침전쟁 시 100만에 가까운 병력을 파견했던 중국은 50년 조차받은 무산철광과 나진항, 340억을 투자한 유리공장, 평양 제1백화점, 유전개발권 등 북한에 이미 중국자산들을 활용해 이익을 챙기고 있는 실정이다.

잔인한 4월을 보내면서 이러한 모든 가능성 있는 상황을 대비해 문재인 정부는 앞으로의 협상에서 우리 국익을 위해 우방인 미국 트럼프 대통령이나 김정은에게 할 말은 하고 싸울 건 싸우기 위한 히든카드를 마련하는 교토삼굴(狡兔三窟)의 지혜가 필요했다.

새너핸 미 국방장관 대행의 방한이 남기고 간 '잔해(殘骸)'

北, 외세 추종의 종착점은 파멸이라며 '민족공조' 강조

2019년 6월 한미 국방장관회담이 끝나자 북한은 노동당 기관지 노동신문을 통해서 "남한 당국이 남북관계 개선에 있어 미국 등 외세 눈치를 보고 있다"고 비난하며 "외세 추종은 민족의 이익을 해치는 길이고, 그 종착점은 파멸이기 때문에 온갖 화난의 근원인 '외세의존병'을 털어버리고 '민족공조'에 나설 것"을 거듭 압박했다.

대남 선전매체 메아리도 남북 간 합의가 제대로 이행되지 않는 이유가 "말로만 남북선언들을 이행할 확고한 의지가 있다고 떠들고 실제 행동에서는 그 누구의 눈치만 보며 뒷걸음질을 치고 있는 남조선

제복은 영원한 애국이다

당국의 우유부단한 태도"라고 주장했다.

다른 선전매체인 우리민족끼리는 최근 한국군이 진행한 을지태극 연습에 대해 "명백히 우리 겨레와 국제사회의 평화 염원에 찬물을 끼얹고 조선반도 정세 긴장을 몰아오는 무분별하고 위험천만한 도발 행위"라고 비난했다.

북한은 각종 매체를 통해 남한 당국에 민족공조를 촉구하고 있으며, 계속된 압박에도 한미 국방장관회담 등에서 남측이 "대북제재 이행 등 한미공조를 지속"하자 불만을 드러낸 것으로 분석된다.

한편, 방한을 마치고 일본에 도착한 패트릭 섀너핸 미국 국방장관 대행은 아베 신조 일본 총리를 만났다.

NHK방송 보도에 따르면 섀너핸 대행은 이 자리에서 북한이 지난 달 미사일을 발사한 것을 바탕으로 '아시아 안보회의'에서 북한 비핵

패트릭 섀너핸 미 국방장관 대행과 정경두 국방장관이 열병하며 대화를 나누는 모습 (사진-국방부)

화를 위한 일본을 포함한 관계국들의 대응 등 유엔 안전보장이사회의 제재 결의를 완전하게 이행하기 위해 협력하기로 했다고 전했다. 이어 그는 "미국은 (북한에 의한) 일본인 납치문제의 해결을 계속해서 지원할 것"이라고 덧붙였다.

또한 새너핸 대행과 아베 총리는 미국과 일본이 함께 추진하는 '인도·태평양 구상'의 실현을 위해 협력을 강화해 나가기로 했다. 새너핸 대행은 "미·일 동맹은 전에 없을 정도로 굳건하다"며 "앞으로도 미·일 동맹의 억지력과 대처력을 강화하고 자유롭고 열린 인도·태평양을 반드시 실현시키겠다"고 말했다.

美 강경한 기류인 '先 비핵화, 後 제재완화'에 文 '두 바퀴 평화론' 멈칫멈칫

방한한 패트릭 새너핸 미 국방장관 대행은 2019년 6월 3일 오후 문 대통령을 만난 자리에서 북한의 비핵화 방안과 관련해 온도차를 보였다. 새너핸 대행은 '先 비핵화, 後 제재완화'라는 기존 미국의 입장을 고수했다. 문 대통령은 대북제재 유지 속에서도 그와는 별도로 이산가족 상봉과 식량지원 등 인도적 지원은 이뤄져야 한다고 강조했다.

문 대통령은 이 접견자리에서 "대화를 통한 한반도의 완전한 비핵화와 항구적인 평화구축을 위해서는 한미동맹이 무엇보다 중요하다"
며 "굳건한 한미동맹을 통해 한반도 평화프로세스가 성공할 수 있도
록 뒷받침해주길 바란다"고 말했다고 고민정 청와대 대변인이 서면
브리핑을 통해 전했다.

고 대변인은 또 "문 대통령과 섀너핸 대행은 비핵화 목표 달성에
의미있는 진전이 있을 때까지 대북제재가 유지돼야 한다는 원칙을 재
확인했다"고 밝혔다.

앞서 북한의 비난 방송 압박에 따라 대북제재 완화 움직임을 보이
던 청와대가 남북관계 발전이 북미관계 개선이라는 선순환 관계로 이

문재인 대통령이 청와대에서 패트릭 섀너핸 미국 국방부장관 대행을 만나 악수하고 있다. (사진제공-연
합뉴스)

어진다는 기존 문 대통령의 '두 바퀴 평화론'을 재확인하면서 미국의
강경한 기류에 보조를 맞췄다는 분석이다.

한미연합사의 평택 이전은 미군이 자동개입하는 '인계철선' 무력화 등 유사시 수도권 방어에 부정적 영향

문재인 대통령 접견 전인 6월 3일 오전에 진행된 한미 국방장관회담에서 한미연합군사령부를 경기 평택시 '캠프 험프리스'로 이전하기로 합의한 것은 기존의 '서울 용산 국방부 부지 내 이전' 방침을 뒤집었다는 측면에서 주목된다.

또한 일각에서는 한미연합사의 캠프 험프리스 이전이 유사시 수도권 방어에 부정적 영향을 미칠 수 있다는 우려가 제기된다. 미군이 서울에 존재함으로써 북한의 도발을 억제하는 무력시위 효과가 사라질 수 있는 것이다. 미군이 있어야 북한 공격 시 미군이 자동개입하는 '인계철선'이 평택 이전 시엔 서울에서 작동하지 않을 수 있다는 지적도 나온다.

평시에는 서울의 국방부, 합참과 차량으로 1시간 30여 분 떨어진 캠프 험프리스의 한미연합사 간에 유기적인 의사소통이 쉽지 않을 것이라는 점도 문제로 꼽힌다. 국방부 관계자는 "합참이나 국방부와 연계하는 것은 C4I로 대체할 수 있다. 공간적으로 떨어져 있다고 해서

제복은 영원한 애국이다

지휘 통솔에 공백이 생기지는 않을 것"이라고 말했다.

한·미 국방 당국이 서울 용산 미군기지 반환에 따라 한미연합군사령부(연합사)를 경기 평택 캠프 험프리스로 이전하기로 하면서 용산공원 조성사업도 본격화할 것으로 전망된다.

전작권 전환의 첫 번째 조건인 한국군 핵심군사능력을 확보해도 전환은 불투명

2019년 4월 1일 미 국방부 청사(펜타곤)에서 열린 패트릭 섀너핸 미국 국방부장관 대행과의 회담에서 정경두 국방부장관은 모두발언을 통해 "최근에는 전작권 전환의 첫 번째 조건인 한국군 핵심군사능력에 대한 한미 공동평가를 위해 매월 박한기 한국 합참의장과 로버트 에이브럼스 장군(주한미군사령관 겸 한미연합사령관)이 특별상설군사위원회를 개최하고 있다"고 밝혔다.

당시 한국군 합동참모본부에 따르면 박한기 합참의장과 에이브럼스 사령관은 3월 처음으로 '특별상설군사위원회'를 열고 앞으로 매달 이 위원회를 통해 전작권 전환 이후 연합작전을 주도할 한국군의 핵심군사능력을 평가하기로 했다.

군의 한 소식통은 "기존 상설군사위원회(PMC)는 반기(6개월)에 한 차례 열렸지만, SPMC는 PMC가 열리는 달과, 전구(戰區)급 한미 연합

지난 4월 1일 미 국방부 본청에서 미국 국방부장관 대행과 회담하는 정경두 장관(워싱턴-연합뉴스)

연습이 실시되는 달을 제외하고 매달 열릴 것"이라며 "한국군의 연합
작전 주도 능력 등을 평가하게 될 것"이라고 말했다.

**'북한의 핵·미사일 위협에 대한 한국군의 필수대응능력'과 '한반도
및 지역 안보환경'이 관건**

한미는 2014년 제46차 안보협의회의(SCM)에서 '조건에 기초한 전
작권 전환' 원칙에 합의하면서 △한미연합방위를 주도할 수 있는 한
국군의 핵심군사능력 확보 △북한의 핵·미사일 위협에 대한 우리 군
의 초기 필수대응능력 구비 △전작권 전환에 부합하는 한반도 및 지

제복은 영원한 애국이다

역 안보환경 등 3가지를 전작권 전환 조건으로 제시했다.

이 중 한미 군 당국이 가장 중시하는 조건은 '한미연합방위를 주도할 수 있는 한국군의 핵심군사능력'이다. 한 단계의 검증이 1년을 초과할 수 있기 때문에 검증 이전평가(Pre-IOC)를 생략한 가운데 한미는 우선 2019년 8~9월로 예상되는 전구급 한미연합지휘소훈련(19-2차 동맹연습)을 통해 한국군 주도의 연합작전 수행능력을 평가하는 최초작전운용능력(IOC) 검증을 실시하기로 했다.

최초작전운용능력(IOC)에 이어 2020년에 완전운용능력(FOC) 검증과 2021년에 완전임무수행능력(FMC)까지 마치면 문재인 정부 임

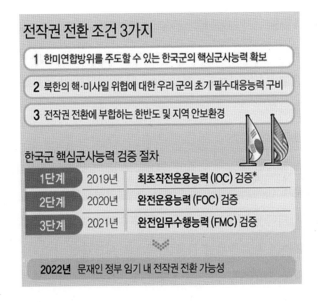

기 마지막 해인 2022년에 전작권 전환이 가능할 것이라는 관측도 나온다.

다만 합참작전을 주도하는 한국군의 핵심군사능력 이외에 북한의 핵·미사일 위협에 대한 한국군의 필수대응능력과 한반도 및 지역 안보환경도 전작권 전환조건에 포함돼 있기 때문에 단계별 검증 절차를 마쳤다고 반드시 전작권 전환이 이뤄지는 것은 아니다.

나머지 두 조건은 한반도 비핵화 및 평화체제 구축과 연계돼 있다. 따라서 문 대통령 임기 내 전작권 전환은 한반도 비핵화와 평화체제 구축을 위한 남북 및 북미 간의 외교적 노력이 결실을 봐야 가능할 것이라는 관측이 우세하며 임기 내 전작권 전환은 오리무중(五里霧中)이다.

새너핸 대행의 방한이 남긴 잔해(殘骸), 우리 검토안이 백지화?

우리의 전작권 전환을 위한 준비 중 미래연합사령관을 한국군 합참의장이 겸직하는 방안과 한미연합사를 국방부 영내로 이전하는 안은 이번 새너핸 대행의 방한으로 인해 모두 백지화로 결정됐다.

이런 상태에서 국방부 발표대로 연합사 작전 효율성과 연합방위태세를 높이기 위해 한미연합사가 평택으로 이전하면 주한미군의 핵심 기능은 모두 캠프 험프리스에 집중된다. 그렇지만 미군이 서울에 존

제복은 영원한 애국이다

정경두 국방부장관과 박한기 합참의장이 패트릭 새너핸 미국 국방부장관 대행과 2019년 6월 3일 오전 서울 용산 국방부에서 한미 국방장관회담에 앞서 기념촬영을 하고 있다. (사진제공-국방부)

재함으로써 북한의 도발을 억제하는 무력시위 효과가 사라져 북한 공격 시 미군이 자동개입하는 '인계철선'의 역할이 무력화될 수밖에 없는 상태가 됐다.

하지만 한반도의 안정과 국민의 행복을 위해 자신의 의지를 감추는 군과 정부의 노력은 정말로 눈물나게 만든다. 국방부장관이나 합참의장은 직속 상관인 국군통수권자인 대통령의 지시에 복종해야 한다. 하나 그 속에서도 튼튼한 안보태세 유지를 위해 머리를 짜내며 애를 쓰고 있지만 일부 군 선배들로부터 많은 질타를 듣고 있다.

게다가 새너핸 대행의 "한미동맹에 대한 철통같은 믿음을 갖고, 튼튼한 한미연합방위태세의 유지하는 것은 한반도 문제의 평화적 해결을 위한 외교 공간을 확보하는 데 기여하는 것이다"라는 언급에 우리 대통령도, 장관도, 의장도 그대로 수용해야 하는 우리의 정치, 외교적인 현실이 너무도 안타깝다.

"위기(危機)는 또 다른 기회(機會)이다"

새너핸 대행의 방한의 잔해는 씁쓸한 미소를 짓게 하지만 전화위복(轉禍爲福)으로 바꿔야 한다. 문재인 정부 하에서의 상하좌우 옆에서 들려오는 불편한 외침 속에서도 위기(危機)를 호기(好機)로 만들기 위해 고군분투(孤軍奮鬪)하고 있는 우리 군 현역들에게 박수를 보낸다.

최초 유엔 평화활동(PO)으로 공산침략 막아내
대한민국은 경제·문화강국으로 성장

6·25남침전쟁으로 백척간두에 있던 한국을 유엔군 파병으로 구해

우리는 제대로 된 '국군의 날' 행사도 못한 시점에 시진핑 중국 국가주석은 2020년 10월 23일 항미원조전쟁 70주년 기념식 연설에서 한국전쟁을 '미국 제국주의 침략에 맞선 전쟁'이라고 규정한 바 있다.

이에 한국 외교부는 시 주석 연설 다음날이자 유엔의 날인 10월 24일, "6·25남침전쟁이 북한의 남침으로 발발했다는 것은 부인될 수 없는 역사적 사실"이라며 "한국전쟁 발발 등 관련 사안은 이미 국제적으로 논쟁이 끝난 문제"라고 밝혔다.

10월 26일 국정감사에서도 강경화 외교부 장관과 서욱 국방부장

유럽축구에서 맹활약을 하는 손흥민 선수와 빌보드에서 1등한 세계적인 K-pop스타인 BTS의 노래 '다이나마이트' 포스터 (사진-연합뉴스)

관은 시진핑 주석이 해당 연설에서 "위대한 항미원조는 제국주의의 침략 확장을 억제하고 한반도 정세를 안정시켜 아시아와 세계 평화를 지켰다"고 발언한 데 대해선 "동의하지 않는다"고 말했다. 그러면서 "백척간두에 있는 나라가 유엔군 파병으로 구해졌다고 생각한다"고 강조했다.

제복은 영원한 애국이다

BTS, 싸이, 슈퍼주니어 등의 K-pop문화가 세계를 지배하는 문화 강국

　북한의 불법남침에 따른 최초의 유엔평화활동(Peace Operations)은 '6·25남침전쟁'에 대한 유엔군 파병이다. 한반도가 초토화된 지 70년이 지난 현재 우리 대한민국은 세계 10위의 경제대국으로 성장하면서 손흥민 선수가 유럽축구에서 맹활약을 하고, BTS, 싸이, 슈퍼주니어 등의 K-pop 문화가 세계를 지배하는 문화·체육 강국으로 거듭났다.

　특히 몽골 침략, 임진왜란, 일제 침입 등의 역사적 국난의 위기 속에서 의병들이 궐기하여 나라를 지켜낸 것처럼, 이번 코로나19로 전세계가 팬데믹 상태가 되었지만 우리의 의사, 간호사 등 '신 의병'들의 저력으로 세계에서 가장 모범이 되는 'K-방역'이라는 신조어를 탄생시켰다.

경제·문화대국도 국방력이 약해지면 위기를 맞아

　1200여 년 전인 960년 후주(後周)의 태위(현 국방장관)이었던 조광윤은 송(宋)나라를 세웠다. 그러나 북방의 신흥강국 거란의 위협은 계속되었고, 당시 고려는 서희의 외교술과 강감찬 장군의 '귀주대첩'으로 나라를 지켜냈다.

반면에 송나라는 『수호전』, 『포청천전』, 성리학 등 역사에 남는 찬란한 문화와 화약 발명, 나침반과 인쇄술의 발전 등 과학기술 분야에서도 독보적인 경제문화 대국으로 성장했지만 태조 조광윤이 문신을 우선하며 강간약지(强幹弱枝, 쿠데타 방지를 위해 친위대는 강화하고 지방의 야전군은 약화시키다) 정책을 시행하자 국방력이 약해졌다.

게다가 여진이 금나라를 세워 거란을 멸망시키고 송나라를 침범하자 약한 국방력 때문에 북송이 멸망하고 남송으로 축소되어 연명했다. 이때 금나라에 납치되어 포섭된 진회(秦檜)는 항전파에서 강화파로 변신하여 귀국 후에는 재상에 올라 화평 공작을 주도했다.

송나라를 멸망케 한 매국노로 미움을 받는 간신 진회 부부 동상에 침을 뱉거나 오줌을 갈겼다

중국 절강성의 서호(西湖)변에는 악왕묘(岳王廟)라는 사당이 있다. 절강성 항주(杭州)는 남송의 수도였으며 악왕(岳王)은 중국인들에게 만고의 충신으로 일컬어지는 무장 악비(岳飛)이다.

묘당 안뜰에는 악비의 무덤이 있고 그 앞에는 두 남녀의 동상이 쇠사슬로 꽁꽁 묶인 채 무릎을 꿇고 있는데 중국인들에게 만고의 매국노로 미움을 받는 간신 진회 부부이다. 지금은 금지되어 있지만 얼마 전까지만 하더라도 악비의 무덤을 참배하는 사람들은 진회(秦檜) 부부의 동상에 침을 뱉거나 오줌을 갈겼다고 한다.

1134년 악비는 장강을 건너 남송을 침략한 금나라 군대를 막아냈다. 1140년도 재침한 금나라는 또 악비에게 패해 개봉으로 물러났다. 이때 금나라의 간첩이자 간신인 진회는 화평 공작의 일환으로 승리를 거두던 한세충과 유기 장군들을 철수 및 파면시키며 전방사령관의 힘을 약화시키는 일에 전력을 기울였다.

결국 진회의 공작으로 금나라가 제일 두려워했던 악비에게 모반을 기도했다는 죄목을 뒤집어 씌워 처형시켰다.

악비를 죽임으로써 금나라와 화의가 성립되었으나, 금나라는 반환을 약속했던 서남, 하남을 포함하여 오히려 당주, 동주 등을 금의 영토로 추가 편입했고, 독보적인 경제문화 대국이었으나 간첩과 간신들이 판을 치며 국방을 소홀히 한 송나라는 개국 167년 만에 멸망했다.

중국 절강성 서호(西湖)변의 악왕묘(岳王廟) 사당 안뜰에는 만고의 매국노로 미움을 받는 간신 진회 부부가 쇠사슬로 꽁꽁 묶인 채 무릎을 꿇고 있는 동상이 있다.(사진자료-송의 눈물)

경제·문화 대국이었던 송나라 멸망의 전철을 밟지 않으려면
북 김정은의 역(逆) 이이제이(以夷制夷)를 경계해야

송나라 용장 악비는 거란과 금나라에서 가장 두려워하는 존재였으나 송나라 재상 진회에 의해 처형되었다. 임진왜란 시 왜군은 끝없는 밀정 활동을 통해 선조를 조정했고, 왕은 첩자들의 농간에 휘둘렸다. 결국 연전연승했던 이순신 장군은 임금의 진군 명령을 거역한 죄로 삭탈관직당해 권율 장군 휘하에서 백의종군했고 "전쟁이 끝나면 이순신을 반드시 죽이겠다"며 선조는 이를 갈았다.

한편 조선중앙TV를 포함한 대남선전매체에서는 "저 김관진 xx같은 전쟁대결 광신자들 때문에 청와대 안방 주인은 물론이고 이제 남조선 인민들도 큰 변을 당하게 될 것이다"라며 화형식 영상 등을 방송했었다. 결국은 북한의 김정은 정권이 제일 두려워하고 겁나는 존재가 현재는 한국 사회에서 적폐의 대상이 되어있는 역설적인 현상이 발생한 것이다.

2020년 10월 22일, 이명박 정부 시절 군 사이버사령부의 정치 관여 활동에 개입한 혐의로 기소된 김관진 전 국방부장관이 2심에서도 징역 2년 4개월의 실형을 선고받았다. 북한 인민군 사격훈련의 표적이자 화형식 인형이 되었던 인물은 북한 김정은 집단이 제일 두려워하고 골치 아픈 사람이었다. 지금은 우리 손으로 송나라 악비나 이순신 장군처럼 처단하라고 한다.

중국 절강성 서호(西湖)변의 악왕묘(岳王廟) 사당에 있는 악비 장군의 동상과 김관진 전 국방장관의 군단장 시절 모습 (사진-연합뉴스)

김 전 장관은 2심 선고 후 소감을 묻는 질문에 "일부 소명한 사건은 받아들여진 걸로 이해를 하고 어차피 판결을 받았으니 그 권위를 인정할 수밖에 없다"고 했다.

그러면서 그는 전시작전권 전환 등 최근의 안보 상황이 위기인데도 이를 인식하지 못하고 철없이 대응한다는 의미로 "현 안보 상황에 대해 '연작처당'(燕雀處堂, '불타는 처마 밑에 사는 제비와 참새'라는 뜻으로, 편안한 생활에 젖어 위험이 닥쳐오는 줄도 모르고 조금도 경각심을 갖지 않는 것을 비유)이라는 소회가 든다"고 밝혔다.

『사마법(司馬法)』에 나오는 '천하수안 망전필위(天下雖安 忘戰必危,

나라가 비록 평안할지라도 전쟁을 잊으면 필히 위기가 닥친다)의 뜻을 명심하면서, 최초 유엔평화활동(PO)인 유엔군 파병으로 공산 침략을 막아내어 현재 우리는 세계 10위의 경제대국이자 K-pop, K-방역 등 문화 및 의료의 강국이 됐지만, 단지 패망한 송나라처럼 북한 김정은의 역(逆) 이이제이(以夷制夷)에 놀아나는 어리석음이 아니길 바랄 뿐이다.

제복은 영원한 애국이다

연합훈련은 오사카성을 지켜주던
최후 방어물인 해자 같은 존재

미 바이든 정부가 들어선 시기에 북한의 반발 고조 또는 군사도발도 예상

서욱 국방부장관은 2021년 1월 27일 신년 기자간담회에서 "군의 입장에서는 연합훈련을 시행한다는 생각으로 하나하나 준비하고 있다"며 "전반기 연합지휘소훈련을 어떻게 시행할지 연합사와 긴밀하게 협의, 조율하고 있다"고 북한군 위협에 대비하기 위한 한미연합훈련에 대해 처음으로 밝혔다.

반면에 북한은 1월에 개최된 8차 당대회 사업총화보고에서 김정은 위원장이 남측 태도에 따라 '3년 전 봄날'로 돌아갈 수 있다면서 연합훈련 중단 등을 선결 조건으로 내세웠다. 북한의 입장에서 보면 한미연합훈련을 자신들의 안보 위협 요인으로 인식할 수도 있다.

이인영 통일부장관도 신년 기자간담회에서 북한이 요구한 연합훈련 중단 문제와 관련 "심각한 군사적 긴장으로 가지 않도록 우리가 지혜롭고 유연하게 해법을 찾기를 기대한다"면서 "한국 정부의 문제만이 아니라 북쪽의 시각도 유연하게 열려 있을 수 있었으면 좋겠다"고 말했다.

북한이 8차 당대회 등을 통해 관계를 3년 전 봄날로 되돌리려면 훈련을 중단해야 한다고 요구하고 이 통일부장관도 유연한 해법을 기대하는 가운데 국방부는 시행 방안을 한미연합사령부와 조율 중이다.

연합사에서 고별 의장행사 시 사열하는 전 합참의장 박한기 대장 모습과 을지연습을 대비해 박한기 대장과 에이브럼스 연합사령관이 탱고 지휘소에서 한미 연합작전 협조 회의를 하는 장면 (사진-국방홍보원)

제복은 영원한 애국이다

그러나 미 바이든 정부가 들어선 시기를 함께 고려할 때 연합훈련 일정과 참여 인원 규모 등이 구체적으로 드러나면 북한의 반발 등 갈등 수위가 고조되거나 심지어 모종의 군사도발도 감행할 것이 예상되는 상황이다.

C4I체계로 연결하면 태평양, 일본 및 한반도의 각 부대에서 연합훈련 참여 가능

한미연합훈련은 1953년 7월 정전협정이 체결되자 미군 등 유엔군 철수에 따른 안보 불안 심리를 해소하고 한미 양국의 군사대비태세 확립을 목적으로 1954년부터 시작됐다.

이후 포커스 렌즈-프리덤 볼트-팀스피리트-연합전시증원(RSOI)연습-키리졸브(KR) 및 프리덤가디언(FG)연습 등 다양한 명칭으로 이어졌다. 그런데 2018년 6월 12일 트럼프 미국 대통령과 김정은 북한 국무위원장이 싱가포르에서 가진 1차 북미 정상회담에서 연합훈련 중지 및 유예 방안이 나왔고, 이후 키리졸브와 프리덤가디언 등은 폐지됐다.

남·북·미 정상회담이 진행되어 연합훈련이 폐지된 가운데 그 다음해인 2019년에는 에이브럼스 연합사령관과 박한기 합참의장의 노력으로 '동맹 19-1' 훈련이 처음 시행됐으나 이후 '동맹'이란 명칭도 사라졌다. 지금은 '전반기 및 후반기 연합지휘소연습'이란 이름으로 훈련하고 있다.

한미 연합훈련의 근본 목적은 북한의 도발을 막고 격퇴하여 우리 국민을 보호하는 것이다. 팀스피리트 훈련 때까지는 대규모로 실제 병력과 장비가 기동하는 훈련을 했으나 최근에는 디지털 기술의 개발에 따라 지휘통제시스템이 발전되면서 실병기동을 하지 않고 컴퓨터 시뮬레이션으로 진행하는 비중이 더 커지고 있다.

서 장관도 기자간담회에서 "전반기 시행하는 연합지휘소훈련은 실병 기동훈련이 아니라 컴퓨터 시뮬레이션으로 하는 방어적이고 연례적인 연습"이라고 강조했다.

현상태에서는 우리나라의 합동참모본부와 한미연합사령부, 평택 주한미군사령부, 일본의 주일미군사령부, 하와이 태평양군사령부를 C4I(지휘통제통신) 체계로 연결하면, 지리적으로 장거리 이격된 여건에도 불구하고 태평양, 일본 및 한반도의 각 부대에서 시뮬레이션을 활용한 한미연합연습에 참여할 수 있다.

을지연습 시 한미해병대가 도하장비를 설치하는 연합훈련 장면 (사진-국방홍보원)

언어와 문화뿐 아니라 싸우는 방식도 다른 양국 군이 손발 맞추려면 정례적인 연합훈련 필요

당시의 신종 코로나19 위기 상황에서 훈련 수준과 참여 인원은 유동적이었다. 군은 2018년 6월 싱가포르에서 열린 1차 북미 정상회담 이후 조정됐던 '동맹 19-1' 훈련 시의 규모를 희망하고 있으나, 코로나19로 그 정도 규모도 제한됐다.

그러나 한미 연합훈련은 한반도 내에서 한국군과 미군의 연합방위태세를 점검하고 확립하는 데 필요한 요소다. 훈련을 통해서 작전계획을 숙달하고, 유사시 즉각 반응할 수 있는 조건이 갖춰진다.

언어와 문화뿐 아니라 싸우는 방식도 다른 양국 군이 손발을 맞추려면 정례적인 연합훈련은 필요하다. 그 이유를 다음과 같이 세 가지로 제시할 수 있다.

연합방위태세를 점검, 확립하는 정례적인 연합훈련이 필요한 세 가지 이유

첫째, 2021년의 연합훈련이 전시작전통제권 전환을 위한 '미래연합군사령부의 완전운용능력(FOC) 검증'과 맞물려 있기 때문이다.

특히 예년처럼 규모가 회복되어 정상적으로 시행되길 군은 바라고 있다. 왜냐하면 이번의 연합훈련에서 FOC 검증 및 평가가 이뤄지

2021년 1월 14일 평양에서 당 제8차 대회 기념 열병식이 개최됐다. 여기에서 공개된 상단의 개량형 이스칸데르와 신형 추정 잠수함발사탄도미사일(SLBM)인 '북극성-4ㅅ', 하단은 4연장 방사포와 저격용 망원경이 장착된 화기를 휴대한 병사들의 모습 (사진-연합뉴스)

제복은 영원한 애국이다

않으면 문재인 정부 임기 내에 전작권 전환 연도 확정은 물 건너가기 때문이다.

한국 측은 전반기 훈련 때 FOC 검증평가를 하자는 입장이지만, 미국 측은 '조건'이 더 갖춰져야 한다며 난색을 표명하고 있다. 서 장관이 지난 24일 로이드 오스틴 미 국방부장관에게 최대한 이른 시일 안에 한미 국방장관회담을 하자고 제안한 것도 이러한 제한사항을 조율하기 위해서이다.

더욱이 전반기 연합훈련 때 FOC 검증 및 평가가 시행될 경우 해외 미군의 훈련 참여가 불가피한 상황이라 그간 축소 조정됐던 훈련 규모가 커질 수밖에 없다. 이럴 경우 북한의 반발로 남북-북미관계가 더 꼬일 우려도 있다.

그래서 이런 전체적인 사정을 감안한 서 장관은 "1991년 남북기본합의서부터 남북군사공동위를 구성하면 연합훈련을 포함해 여러 가지를 논의할 수 있게 돼 있고, 나 역시 협의할 수 있다고 생각한다"고 밝히며 연합훈련을 자신들의 안보 위협 요인으로 오해하는 북한의 호응을 요구했다.

둘째, 병력 순환 주기와 신 무기 및 장비 개발 도입 등 작전환경 변화에 대응하기 위해 필요하기 때문이다.

서 국방부장관과 이인영 통일부장관이 신년사에서 제안한 것처럼 남·북·미간의 유연한 해법을 통해 '완전운용능력(FOC) 검증'을 하기로 한미가 전격 합의할 경우 규모가 예년 수준으로 회복될 수도 있다. 미군 장병들에게 코로나19 백신이 접종되고 있어 일부 해외 증원 요원들이 참여할 가능성이 커졌기 때문이다.

그러나 이렇게 규모가 예년 수준으로 회복되더라도 한미 양국간의 병력 순환 주기를 고려할 때 한미 연합훈련에 참가하는 요원 대부분은 새로운 직책에서 처음으로 훈련에 참가하는 경우이다. 통상 한미 군인들은 1~2년 주기로 보직이 바뀌어 연합훈련을 1년이라도 건너뛰게 되면 훈련을 숙달시켜 성과를 올리기에는 더 많은 노력과 어려움이 존재한다.

게다가 북한의 신형 무기체계와 변화된 군제 및 한미 각 군의 새롭게 편제된 장비를 고려할 때에는 1년에 한 번만 하는 훈련은 그 주기가 짧을 수 있다.

또한 경제 및 사회 환경이 급변하는 현 시대에는 도로, 마을, 시가지 등 지리적 변화가 매우 심하기 때문에 작전양상의 변화도 가속화되고 있는 실정이다.

특히 무기체계, 군제, 장비, 지리적 환경이 급변하는 속에서 언어와 문화뿐 아니라 싸우는 방식도 다른 양국 군이 손발을 맞추려면 정례적이고 반복적인 연합훈련은 필요하다. 가장 효율적인 의사소통은 인간관계이다. 함께 훈련한 경험이 있는 양국 군이 다시 만날 때 협조가 더 원활해져 언어, 환경, 문화의 차이를 극복할 수 있기 때문이다.

제복은 영원한 애국이다

셋째, 연합훈련은 오사카성을 든든히 지켜주던 최후 방어물인 해자 같은 존재이기 때문이다.

김정은 노동당 위원장은 8차 당대회 사업총화보고에서 "남측 태도에 따라 '3년 전 봄날'로 돌아갈 수 있다"면서 연합훈련 중단 등을 선결 조건으로 강하게 내세웠다..

그러나 한반도 내에서 한국군과 미군의 연합방위태세를 점검하고 확립하기 위해서는 한미 연합훈련을 통해서 작전계획을 숙달하고, 유사시 즉각 반응할 수 있는 대비를 해야 한다. 또한 전작권 전환을 위한 '미래연합군사령부의 완전운용능력(FOC) 검증'과 병력 순환 주기와 신 장비 개발 및 도입 등 작전 환경의 변화에 대응할 수도 있기 때문에도 연합훈련이 필요하다.

만약에 정부가 정확히 판단하고 계산된 모험(calculated risk)을 하여 남북관계가 '3년 전 봄날'로 돌아갈 수 있도록 김정은 노동당 위원장이 요구한 연합훈련 중단의 선결 조건을 따르는 상황이 벌어질 때에는 왠지 과거 일본 막부시대의 치열한 전투 중 일어난 비극이 떠오른다.

도요토미 히데요시의 사망 후 정권을 잡은 도쿠가와 이에야스는 2년 동안 치열하게 마지막 남은 오사카성을 공격했다. 히데요시의 아들이자 오사카성 성주였던 히데요리는 평화의 상징으로 성을 둘러싸고 있는 해자(垓字)를 메우자는 도쿠가와 이에야스의 거짓 화친을 받아 들인다.

일본 오사카성과 해자 모형도와 한미 연합훈련 시 협조회의 하는 모습(사진-연합뉴스/국방홍보원)

그동안 오사카성을 든든히 지켜주던 방어물인 해자를 메우자마자 도쿠가와 이에야스는 본색을 드러내어 순식간에 성을 함락했다. 순진했던 히데요리는 성을 빼앗기고 22세의 젊은 나이에 결국 자결하고 만다. 물론 화친을 종용했던 어머니와 아내(도쿠가와 이에야스의 손녀)도 함께 자살했다.

도쿠가와 이에야스는 화친 약속을 깨고 공격한 것에 대하여 "적의 말을 믿는 바보가 어디에 있냐?"고 반문했다고 한다. 오늘날 이상주의적 평화론자들이 오판하여 국민에게 동족상잔의 비극이 재연되지 않도록 경종을 울리는 일화이다.

제복은 영원한 애국이다

북한군의 부대와 무기체계 증강은 대부분 미국 본토보다
한반도를 위협

우리 군은 국방개혁 추진에 따라 현재 병력이 61만 명에서 55만 명으로 축소되었고 군부대도 6개 사단과 2개 군단을 해체하며 감축하고 있다.

반면에 2021년 1월 14일 평양에서 열린 북한의 당 제8차 대회 기념 열병식에 공개된 계량형 KN-24(이스칸데르), 신형 추정 잠수함발사탄도미사일(SLBM)인 '북극성-4ㅅ', 4연장 방사포, 저격용 망원경이 장착된 화기를 휴대한 병사들의 모습을 보면 소름이 끼친다.

게다가 '국방백서 2020'에 따르면 북한군은 특수작전여단을 9개에서 13개로, 기계화 사단은 4개에서 6개로 개편하며 장갑차도 100대가 증가되었고 미사일부대도 증강시켰다. 더불어 이번 당대회 보고문에 "핵 기술이 더욱 고도화되어 핵무기를 소형 경량화, 규격화, 전술무기화하고 초대형수소탄 개발이 완성되었다"고 밝히며 남쪽을 지향한 비대칭무기체계도 강화 시켰다.

이러한 북한군의 부대와 무기체계의 증강은 미국 본토를 지향한 것도 있지만 대부분이 한반도를 위협하는 요소이다.

북한군의 군사력 증강에 대비하고 미래지향적 한미동맹을 위해 정례적인 연합훈련 시행돼야

이렇게 자신들의 전력을 증강 시키면서 한편으로는 이번 8차 당대회 사업총화보고에서 김정은 노동당 위원장이 남북관계가 '3년 전 봄날'로 돌아갈 수 있도록 연합훈련 중단 등의 선결 조건을 제안했다. 북한 입장에서 보면 한미 연합훈련이 오사카성을 든든히 지켜주던 최후 방어물인 해자 같은 존재라고 볼 수도 있다.

일본 막부시대의 치열한 전투 중 오사카성 성주였던 히데요리는 평화의 상징으로 성을 둘러싸고 있는 해자(垓字)를 메웠고 도쿠가와 이에야스는 본색을 드러내어 순식간에 성을 점령했다. 화친 약속을 깨고 공격한 것에 대하여 "적의 말을 믿는 바보가 어디에 있냐?"고 반문했던 도쿠가와 이에야스의 위장평화 기만전술에 의해 일어난 비극이 다시 재연될까 두려운 걱정이 앞선다.

또한 양국 간의 병력 순환주기를 고려할 때 한미 연합훈련에 참가하는 요원들은 대부분이 새로운 직책에서 처음으로 훈련에 참가하는 경우이다. 만약 정례적인 훈련이 취소되면 언어와 문화뿐 아니라 싸우는 방식도 다른 양국 군이 손발을 맞추어서 연합훈련의 근본 목표 달성 뿐만 아니라 성과를 올리기에는 더 많은 어려움이 가중될 것이다. 따라서 미래지향적 한미동맹을 위해 정례적인 연합훈련은 꼭 필요하다.

제복은 영원한 애국이다

특히 북한군의 남쪽을 지향한 신 무기체계 개발과 미사일, 특수작전, 기계화부대 증강 등을 볼 때 우리의 대비가 절실하다. 또한 도로 개설, 시가지 확장 등 급변하는 지리적 환경의 변화를 고려해도 연합연습은 중요하다.

마지막으로 문재인 정부의 선거공약 중의 하나인 임기 내에 전작권 전환 연도 확정을 위해서도 금년의 연합훈련이 전시작전통제권 전환을 대비한 '미래연합군사령부의 완전운용능력(FOC) 검증'과 맞물려 있기 때문에 반드시 시행되어야 했으나 결국 김정은 눈치를 보느라 하지 못했다.

제5장

주변국 패권경쟁 속
대응전략

제2차 세계대전 이후 약 150개국이 독립을 하였다. 그중 대한민국은 가장 성공적인 사례로 꼽히고 있다.
독립한 국가 중 G20에 가입한 유일한 국가이며 어느 순간 세계 10대 경제대국 안에 포함되었고 K-POP은 세계를 제패하고 있다.

그러나 중국 역사상 가장 문명이 뛰어나 『수호전』 등의 명작들과 포청천의 신화들을 기록한 송나라는 자신들보다 훨씬 가난하고 약한 나라들에게 시달리다가 결국 패망했다.
화해에 매달리는 비겁한 평화는 없기 때문이다.

일대일로 중국몽 구현, 우크라이나를 침공한 러시아와 독도분쟁 등으로 가깝고도 먼 일본, 그리고 미국 우선주의(First America) 등의 주변국 패권경쟁 속에서 우리는 생존을 위해 어느 편에도 쏠리지 않는 '모호한 전략'이 필요하지만 현 상태에서는 굳건한 한미동맹으로 북의 위협에 대비하는 것이 중요하다.

춘추전국시대 제나라의 병법가 사마양저가 저작한 병법 『사마법』에 나오는 명언 '천하수안 망전필위(天下雖安 忘戰必危, 천하가 평안하더라도 전쟁을 잊으면 위태롭다)'가 새삼 가슴을 후벼파고 들어온다.

과연 중국은 우리의 우방인가?

**중국, 지난 수년간 수백 회 우리 측 방공식별구역(KADZ) 침범했고
한반도 유사시 북한 요인에 따라 어떤 형태로든 군사개입 예상**

문정인 통일외교안보특보는 2019년 12월 4일 국립외교원 외교안
보연구소가 개최한 국제회의에서 "만약 북한 비핵화가 이뤄지지 않은
상태에서 주한미군이 철수하면 중국이 한국에 '핵우산'을 제공하고
그 상태로 북한과 협상을 하는 방안은 어떻겠느냐?"는 돌발 질문으로
중국도 우리의 우방인가(?)로 착각하게 만들었다.

또한 4년 전인 2015년 9월 3일에는 중국의 항일전쟁 승리(전승절)
70주년을 기념하는 중국 역사상 15번째 열병식이 열렸다. 박근혜 당

'강군몽을 기치로 지능화 군대'를 지향하는 시진핑과 문재인 대통령 (사진-연합뉴스)

시 대통령도 우리 정부 지도자 가운데 최초로 천안문 성루에 올라 '중국 인민해방군의 열병식'을 지켜봤다.

박 대통령은 블라디미르 푸틴 러시아 대통령을 사이에 두고 시진핑 주석과 나란히 섰다. 61년 전 중국 건국 5주년 기념 열병식 때 북한의 김일성 주석이 마오쩌둥 주석과 함께했던 자리를 이날엔 박 대통령이 대신한 셈이다.

북한의 지도자가 아니라 남한의 대통령이 천안문 성루에 오른 것은 급진전한 한중관계를 보여줌과 동시에 냉랭한 북·중관계를 조명한다

구 분	러시아	중국
2014년	27	102
2015년	10	77
2016년	6	59
2017년	15	86
2018년	15	140
계(년 평균)	73(15)	464(92)

* '19년(1~10월) : 러시아 20회, 중국 45회

KIMA에서 주최한 '한반도 안보정세 평가 및 전망' 2019정책세미나
에서의 발표내용 (자료제공-KIMA)

고 당시 전문가들은 진단했다. 시진핑 주석은 기념사를 통해 "중국이
평화발전의 길을 걸으며 패권주의를 추구하지 않을 것"이라면서 중국
인민해방군 병력 30만 명을 감축하겠다고 선언했다.

전문가들은 중국의 군사력 확대에 대한 주변국의 우려를 중국 정부
가 불식하려는 조치로 풀이했다.

그러나 박 대통령이 '중국 인민해방군 열병식'을 참관한 바로 전
해인 2014년에 102회를 필두로 2018년까지 464회, 2019년에는 중
국 군용기는 45회, 러시아는 20회 우리 측 KADIZ(방공식별구역)를 침
범했다.

특히 문정인 통일외교안보특보가 중국의 '핵우산'을 언급한 금년 7
월 23일에 중국과 러시아 군용기가 연합훈련으로 KADIZ를 침범했고

러시아 군용기(A-50)는 울릉도, 독도 영공을 두 번씩이나 침범해 비상 출격한 우리 KF-16전투기가 차단비행 및 경고 사격까지 했다.

이때 일본 F-15전투기도 JADIZ 내에서 20대나 출격해 대기했다고 한다. 우리 공군은 경고사격만 했지만, 만약 일본은 자국 영공에 타국 전투기가 진입 시 격추시켰을지도 모를 일이다.

중국에 대한 '이소박대(以小撲大:작지만 큰 것에 대항)식의 군사적 대응'이 필요

중국이 적인지 우방인지는 지난 13일 한국국방외교협회가 주최한 '2019년 글로벌 군사안보 환경평가와 2020 전망' 학술세미나에서 정확히 알 수 있었다.

KIDA 이창형 박사(육사 38기)는 '최근 중국의 안보군사 전략 변화와 AI를 기반으로 지능화하는 군사혁신 동향'을 주제로 발표하면서 우리나라는 '이소박대(以小撲大, 작지만 큰 것에 대항)식의 군사적 대응'이 필요하다고 강조했다.

이 박사는 중국의 군사전략 변화를 4단계로 구분했다. 먼저 혁명기부터 70년대까지인 '인민전쟁 전략시기'에는 상대적으로 군사·기술적으로 열세인 상황을 고려하여 게릴라전 위주로 전쟁방식을 채택하고 이를 극복하기 위해 1963년에 핵을 개발하고 1967년에는 수소탄

제복은 영원한 애국이다

까지 개발했으며 1979년 '중월전쟁'을 계기로 현대적 조건에 걸맞은 형태로 전환하기 시작했다고 설명했다.

2단계인 80년대에는 '국지전 전략'으로 1985년 중앙군사위에서 소련의 군사적 침략 가능성 약화를 판단하고 제한적 국지전쟁전략을 도입하였다.

3단계는 90년대로 '첨단기술 조건 하 국지전 승리 전략'으로 천안문 사태 이후 중국의 국제적 고립과 사회주의권 몰락 및 1991년 걸프전의 충격은 기존 군사전략과 중국군의 능력에 대한 위기를 고조시켰다.

따라서 해·공군 및 제2포병 강화에 주력하고 제한된 공간과 자원으로 신속히 전쟁 승리를 확보한 후, 정치적 타결을 도모하는 전략을 수립하여 신속대응군에 의한 선제적, 공세적 전쟁 수행 능력과 첨단 과학기술 조건 전장환경에서의 전쟁 수행능력 배양에 주력하였다.

2000년대인 4단계는 '정보화 조건 하 국지전 승리 전략'으로 전쟁 양상 발전에 따라 '적 정보체계의 파괴와 아 정보체계의 보호'가 핵심 요소로 대두되는 점을 인식하였다. 가상적을 미국, 일본, 러시아 등 고도의 첨단기술을 보유한 강대국들로 전제하고 필요한 무기체계 역시 치명적인 운용범위를 벗어나 글로벌 레벨로 격상하기 시작했다.

새로운 전쟁양상은 정보력 우위가 해·공군력 우위보다 중요하기 때문에 이를 확보하기 위해 인공위성 정찰 등 우주공간을 적극적으로 활용하고, 해커전쟁 등 비전통적 및 비대칭적인 전쟁수행능력을 중시하여 2008년 국방백서에서 21세기 중엽까지 정보화부대 건설과 '정보화 전쟁에서 승리'라는 전략적 목표를 제시했다.

또한 2030~2050년 주요국들의 경제력, 군사력, 과학기술력, 정치외교력과 종합국력을 전망하여 중국의 핵심이익을 과거 '지리적 경계' 위주에서 미래 '전략적 경계'인 기존의 4해, 일대일로, 북극항로, 우주 및 사이버 등으로 확장했다.

시진핑의 '강군몽(强軍夢)' 구현, 국방발전 목표 '21세기 세계 일류 군대 육성'하는 중국은 유사시 북한 WMD 통제, 북한 내 중국인 보호를 목적으로 군사개입

이에 따라 중국의 군사혁신 전망은 시진핑의 '강군몽(强軍夢)' 구현을 위해 국방발전 목표를 '3단계로 21세기 중엽까지 세계 일류 군대 육성'으로 정했다.

1단계는 2020년까지로 군사개혁과 기계화 및 정보화를 통한 중대한 진전이며, 2단계는 2035년까지 군사이론, 조직, 인재, 무기장비 등 국방 및 군대 현대화를 실현하는 것이고, 3단계는 2049년까지 세계 일류 군대를 전면적으로 건설하는 것이다.

이를 위해 19차 전대회의에서 시진핑은 "군사 지능화의 발전을 가속화하고 사이버 정보체계에 기초한 합동작전 및 전역작전 능력을 향

제복은 영원한 애국이다

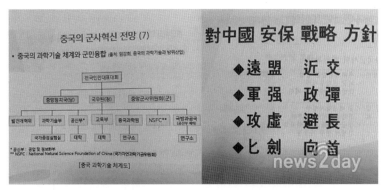

한국국방외교협회가 13일 육군회관에서 주최한 '2019년 글로벌 군사안보 환경평가와 2020년 전망' 세미나 발표 자료 (자료제공-한국국방외교)

상시켜야 한다"며 인공지능(AI)이 군사분야에 미칠 중대한 파장을 과학적으로 예견했다.

군사이론을 혁신하여 신형 무기장비를 개발하고 '지능화 군대'를 추구하며 지능화 군대를 위해 '중앙군민융합발전위원회'를 설립해 시진핑을 위원회의 주임으로 임명하여 새로운 모델로 군민융합방식을 전면 전개하고 있다.

이와 같은 군사혁신을 통한 최근 성과로 미국보다 4년 먼저 우주군을 창설하여 '북두위성항법 시스템 제3세대'를 건설 배치하고 '묵자호 양자 1' 통신위성을 발사했으며, 'J-20 제4세대 스텔스 전투기', Y-20수송기, 이룡무인기, AG-1600수륙양용항공기 등을 개발했다. 또한 '001A형 자체 항공모함'과 05형 미사일 구축함을 진수했고 '99A개량형VT-4 주력 탱크'와 VT-5 경량 탱크도 개발했다.

그러나 이창형 박사는 현재까지는 미군의 합동제를 모방한 군사혁신에 따른 실전능력 검증은 미흡한 상태라고 평가하며 한국 안보에의 함의와 대응방향을 다음과 같이 주장했다.

한중관계는 6년 주기로 경제와 안보관계에서 딜레마에 빠지는데 1999년 마늘파동, 2004년 동북공정, 2010년 천안함 사건, 2016년 사드 배치에 따른 중국의 보복 등이다.

한반도 유사시 중국은 북한요인에 따라 어떤 형태로든 군사개입을 할 것이라 확신하는데, 그 이유는 국경안정, 친중정권 유지, 북한 WMD 통제, 북한 내 중국인 보호를 목적으로 국부 또는 전면 군사개입할 것으로 예상했다.

이를 위해 선양대군구를 북부전구로 개편하여 78, 79, 80집단군과 칭다오의 북해함대, 공강군(空降軍)을 이용 국경지역 차단, 상륙, 공수작전 및 제주해협 차단작전까지 대한반도 작전의 규모를 확대하고 작전형태를 다양화했다.

중국의 군사력 범위가 확대됨에 따라 미군 전략무기의 한반도 전개 범위도 제한되며, 만약 미 전력운용 시 충돌이 우려되고 동남중국해 및 대만해협 긴장 시에도 충돌 연루 가능성이 있다고 보았다.

실제로 중국어선들이 한국 서해 EEZ에 진입해 불법조업을 할 때 한국 경찰 능력 부족 시에 해군이 지원하거나 미군 해상전력의 한반도 전개 시에는 이를 차단하기 위해 새롭게 편성된 북부전구의 북해함대 대응이 예상되는 등 한중 양국의 군사적 충돌요인이 정치적 충돌요인으로 비화될 가능성도 높다고 분석했다.

　이 박사는 이러한 중국에 대응하는 안보전략 방침으로 "외교적으로 중국과 전략적 협력동반자 관계를 유지하는 원맹근교(遠盟近交), 군을 강하게 키우되 외교정치는 탄력적으로 하는 군강정탄(軍强政彈), 허점은 공격하고 장점은 피하는 공허피장(攻虛避長), 장거리 정밀무기를 개발하여 적의 지도부를 지향하는 비검향수(匕劍向首)"라고 주장했다.

타국 전투기가 우리 영공 침범 시에는 경고사격뿐만 아니라

　특히 2019년 7월 23일에 중국·러시아 군용기가 연합훈련 시 러시아의 전투기가 독도 영공을 침범했는데, 이때에는 경고사격뿐만 아

중국 해경국 함정이 계속 침범한 센카쿠 열도와 연합훈련시 러시아 군용기 KADIZ 및 영공 침범사례 (자료제공-연합뉴스/KIMA)

니라 국제법에 따라 격추시켜야 했다. 그래야 '앗 뜨거워'하고 또다시 침범하지 않기 때문이다.

중국은 핵심이익을 확장하기 위한 대응개념으로 '인불범아 아불범인 인약범아 아필범인(人不犯我 我不犯人 人若犯我 我必犯人, 상대방이 나를 범하지 않으면 나도 상대방을 범하지 않는다. 상대방이 범하면 나도 반드시 범한다)'라고 했다.

이처럼 "우리도 이소박대(以小撲大, 작지만 큰 것에 대항)식의 군사적 대응인 '고슴도치, 독침, 독새우 전략'으로 치명적인 응징, 보복능력을 확보하고 운용해야 한다"는 의견에 뜨거운 박수를 보낸다.

제복은 영원한 애국이다

오리무중인 푸틴의 러시아는 뜨거운 감자인가?

수교 30주년을 맞이하는 2020년을 '한러 상호교류의 해'로 선포

우리나라는 1990년 9월 30일 러시아와 공식적으로 외교관계를 수립했고, 2020년은 한·러 수교 30주년이 되는 해이다.

2018년 6월 22일 문재인 대통령은 블라디미르 푸틴 러시아 대통령과의 정상회담을 계기로 수교 30주년을 맞이하는 2020년을 '한·러 상호교류의 해'로 선포하고, 양국 국민 간 상호 이해 증진 및 인적 교류 확대를 위해 다양한 수교기념 행사를 추진하기로 합의했다.

그중 하나로 '무형문화재 제84-1호 고성농요'가 대한민국을 대표하는 공연단체로 초청받아 2020년 7월 중 모스크바에서 열리는

한국국방외교협회가 13일 육군회관에서 주최한 ' 2019년 글로벌 군사안보 환경평가와 2020년 전망' 세미나시 푸틴의 "러시아는 내 주먹만 믿는다"는 뜻의 구호와 하이브리드 전쟁 관련 발표 자료 (자료제공-한국국방외교협회)

2020년 한·러 수교 30주년 기념 '제18회 소리의 세계' 국제행사에 참가했다.

구소련은 1948년 10월 12일 북한과 수교한 이래 6·25남침전쟁 시 혈맹으로 북한을 지도 및 지원했고, 중공군 참전에도 결정적인 영향을 끼쳤다. 수교 70년이 지나가는 현재 북한은 멀어져 가는 러시아를 붙잡기 위해 북·러 친선 협조관계를 확대 발전시키겠다고 당과 정부는 몸부림치고 있다.

가깝고도 먼 나라인 일본의 아베는 2019년 11월 5일 유엔에서 한국 때문에 러시아 및 북한을 모두 잃어버렸다고 한국 정부를 맹비난했다.

이러한 우리나라의 잠재적 위협이 되는 러시아와 관련해, 지난 13

제복은 영원한 애국이다

일 한국국방외교협회가 주최한 '2019년 글로벌 군사안보 환경평가와 2020 전망' 학술세미나에서 국방대 김영준 교수가 '러시아의 안보군사 전략변화 및 군사혁신 동향'을 주제로 발표했다.

소련시절 향수 부추겨 동북아시아 강대국 위상을 추구

2022년 2월 우크라이나를 침공한 푸틴 대통령은 "러시아는 내 주먹만 믿는다"라는 구호를 내걸고 영원한 친구도 적도 없다고 말했다. 따라서 국제정세 변화에 따라 전통적인 군사력보다는 여론전, 사이버전, 심리전 등을 강화하는 러시아처럼 우리도 하이브리드 전쟁에 대비해야 한다.

푸틴은 히틀러의 침공을 막아내고 승리한 제2차 세계대전의 승전일인 '빅토리아 데이(전승기념일, 5.9)'에 당시 '10대용사'로 선정된 자신의 부친 사진을 직접 들고 시민들과 같이 행진하며 눈물을 보이고 스탈린 생가 복원 사업 등으로 나치 독일에 승리했던 강대국 향수를 이용하여 정권을 유지하며 국민들의 지지를 받고 있다.

이러한 정치공학이 가능한 것은 1941~45년 나치의 침공으로 총 2000만여 명 이상의 사상자가 발생했다. 즉 전국민의 가족 중에 1명은 사망, 1명은 불구, 1명은 화상, 1명은 강간당했다는 것이다. 푸틴은 이런 뼈아픈 역사를 활용, 국민들을 응집시키고 개헌 지지선을 확보하여 장기 집권하고 있다.

또한 푸틴 반대 세력의 준동에 대해서는 미국의 사주를 받은 세력으로 규정하고 과감히 처단하면서 "과거의 소련보다 더 큰 유라시아 연방을 만든 후에 퇴임한다"는 기치를 내걸고 국민들을 선동하고 있다.

이러한 여론전과 심리전은 러시아 국내뿐만 아니라 해외에서도 마찬가지이다. 크림반도에서도 합병 주민투표 권한 법적 논쟁, 우크라이나 국경 대규모 군사훈련, 지역 긴장조성 및 민간 군사 기업 활동으로 표출되었다. 또 시리아, 터키 등 주변국에까지 확대하여 하이브리드 전쟁을 전개하고 있다.

또한 유럽에 위협이 될 수 있는 칼리닌그라드 지역에 핵투발이 가능한 이스칸데르 미사일을 배치하여 440마일 사거리에 있는 유럽국가들을 긴장하게 만들었다.

이것은 발사할 가능성이 9대 1밖에 안 되지만 감언이설과 여론전 및 심리전을 통해 5대 5 상황으로 만들어 국가 간 문제 발생 시 유리한 협상고지를 점령하는 방법으로 합리화시켜 푸틴이 원하는 방향으로 유인하려는 시도이다.

또한 국방개혁은 통합성과 합동성을 위주로 추진하며, 북극에 방공부대를 10개소나 추가 설치하는 등 군사기지를 증강하여 인접 노르웨이 국가들이 군사훈련으로 대비토록 만드는 등 고도의 심리전으로 주도권을 확보하고 있다.

하지만 러시아 내부에서는 1년 의무복무 징병제를 모병제로 전환했으나 최근 모집이 안 되어 미충원되는 곤경에 빠져 대안을 강구 중이다.

러시아의 '9-브릿지 프로젝트'를 통한 협력사업 추진 필요,
적극적인 경제·문화 교류협력을 통해 중·일, 북한 '견제 카드'로
활용해야

그런데 러시아 군용기가 2014년부터 우리 측 항공식별구역(KADIZ)을 93회나 침범했다. 2019년 7월 23일에는 중국, 러시아 군용기가 연합훈련으로 KADIZ를 침범한 것뿐만 아니라 러시아 군용기(A-50)는 울릉도, 독도 영공을 두 번씩이나 침범해 비상 출격한 우리 KF-16전투기가 차단비행 및 경고사격까지 했다.

이렇게 헷갈리는 상황 속에서 러시아 문제에 밝은 한 안보전문가는 러시아 외교에 관련해 다음과 같이 설명했다. 미국에 대해서는 핵군축, 국제테러에는 협력하지만 NATO의 동진과 MD구축, 중동 문제 등 국제사회 주도권 경쟁에서 갈등과 불신이 남아 있다고 말했다.

중국에 대해서 SCO, BRICS에서의 협력 등을 통해 대미 견제를 위한 전략적 수단으로 활용하나 에너지, 무역, 투자 등 경협 증진을 통한 전략적 동반자 관계를 심화시켜 상호 발전을 추진하고 있다.

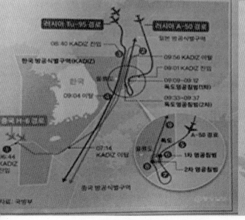

구 분	러시아	중
2014년	27	10
2015년	10	7
2016년	6	5
2017년	15	8
2018년	15	14
계(연 평균)	73(15)	46(

★ '19년(1~10월) : 러시아 20회, 중국 45회

KIMA에서 주최한 '한반도 안보정세 평가 및 전망' 2019정책세미나에서 발표한 중국, 러시아 군용기 KADIZ 및 영공 침범사례 및 현황 (자료제공-KIMA)

또한 미일동맹 강화 및 일본의 군사력 증강에 대해 경계하면서 북 방영토 문제를 카드로 활용하여 일본의 극동 시베리아 투자 유치 확대를 도모하고 있다.

이를 종합하면 러시아와 북한 관계를 레버리지로 활용하면서 한반도 안정과 평화, 한반도 비핵화를 기조로 한국과의 경제관계 증진 및 남북러 3각 경제협력을 추구하는 것이다. 즉 남북관계 발전을 환영하고 남북관계 지원자 역할을 자임함과 동시에 한반도 문제해결에 지속적으로 참여할 것이 예상된다고 언급했다.

제복은 영원한 애국이다

그는 한국이 1884년 제정러시아 시대 「조·러 수호통상조약」 체결로 조선과 최초 공식적인 접촉이 시작되었고, 앞으로도 미·러, 미·중, 북러 관계에 따라 한·러 관계에 영향을 미칠 것이라고 말했다.

이는 서방의 러시아 제재로 인해 한·러 관계 및 경제협력에도 영향이 있기 때문에 과거 우리의 문제 등에 따라 상호 이해가 매우 중요하며, 특히 청소년과 대학생 대상 교류 프로그램을 발굴하는 등 실질적인 협력관계에 관심을 기울여야 한다.

이를 위해서는 지난 2013년 7월 러시아 내 '코리아 소사이어티'를 창설한 것처럼 향후에도 한·러 포럼 및 한·러 대화를 활성화시켜야 한다. 즉 러시아의 관심 분야인 '신동방 정책 부응 및 극동개발'에 적극적으로 참여하기 위해 9-브릿지(조선, 항만, 북극항로, 가스, 철도, 전력, 일자리, 농업, 수산 등 9개 분야의 신북방경제협력 프로젝트)를 통한 협력사업 추진이 필요하다고 주장했다.

국방대 김영준 교수와 러시아 전문가의 의견을 종합해 보면 러시아는 소련시절의 강대국 위상을 되찾기 위해 동북아시아를 포함한 전세계적으로 미국 못지 않은 '러시아 우선(Russia First) 정책'을 추구하고 있다.

우리는 러시아를 뜨거운 감자처럼 뱉지도 삼키지도 못한 채 고민하는 입장이다. 하나 분명한 것은 북한과는 과거의 혈맹관계를 계속 유지하는 것이 아니라 일정 거리간격이 생겼다고 분석되었다.

따라서 우리는 '러시아 수교 30주년'을 계기로 보다 적극적으로 경제와 문화 교류협력을 통해 러시아를 활용할 때, 인접 중국과 일본이나 북한에게 유리한 입지를 점령할 수 있는 '견제카드'로 사용할 수 있을 것이다.

'가깝고도 먼 나라'
일본은 우리의 적인가?

유사시 일본의 전략적 가치를 냉정하게 재고, 안보협력의 극대화 필요하며 한반도에 전개하는 '유엔군의 후방기지' 보호임무 수행을 지속해야

한국국방외교협회(해외주재 무관 등 국방외교 역임자들로 구성)가 개최한 '2019년 글로벌 군사안보 환경평가와 2020 전망' 주제의 학술세미나에서 방준영 육사 교수는 '최근 일본의 안보정책 변화와 한반도 안보'라는 제목으로 방위정책의 기본인 전수방위와 문민통제의 확보, 국가안전보장정책의 체계와 방위계획 대강 등 포괄적인 일본의 안보정책을 소개한 뒤 미일 방위협력을 위한 가이드 라인을 설명했다.

'2019년 글로벌 군사안보 환경평가와 2020 전망'을 주제로 열린 학술세미나 모습과 이 세미나를 기획하고 준비한 권태환 장군(전 주일 국방무관) (사진-김희철)

그리고 한일, 한미일 간 안보협력을 위해서는 "한반도 유사시 일본에 기대할 수 있는 전략적 가치를 냉정하게 재고하면서 안보협력의 실질적 극대화를 위한 노력을 해야 한다"고 제언했다.

일본은 '통합막료감부'를 중심으로 합동체제를 정비하고 방위성 개혁과 연계한 자위대 상부조직도 운용기획국 폐지 등으로 '통합막료감부'로 통합하여 일원화시키는 개편을 했다.

운용적인 측면에서는 '통합기동방위력' 구상을 통해 합동전장 운용개념을 설정하고, '다차원 통합 방위력' 구상으로 개념을 심화시켜 '통합임무부대' 운용을 통해 합동작전 경험을 축적시키는 개혁을 추진했다.

향후 한국군과 일본 자위대의 군사협력 증진을 위해서는 미군의 '다영역 작전' 추진과 연계한 한미일 공조를 강화시키고 GSOMIA,

제복은 영원한 애국이다

ACSA 등을 통한 군사협력의 제도화와 유지가 필요하다.

한편 '일본의 상황인식 변화'는 중국의 부상과 북한의 위협이 한반도 문제로만이 아니라 유일한 핵무기 피폭국으로서 두려움을 가지고 있는 일본에 직접적인 군사위협으로 대두되었다.

미국 동아시아 전략변화에 따라 일본의 역할이 확대되는 등 외적 개혁동인과 함께 내적으로는 인구의 감소, 방산산업 생존의 위기, 보통국가다운 국가로서 외형 확보 요구가 육상자위대를 개혁하게 만들었다.

상황인식 변화에 따른 '육상자위대 개혁 동향'은 '육상총대'와 '수륙기동단'을 창설하고 기동작전부대로서 사·여단을 개편하는 가운데 공격형 무기체계와 조직들이 확인했다.

이러한 개혁동향에 따라 일본은 한반도 유사시 전개하는 '유엔군의 후방기지' 보호임무 수행을 지속하고 있으며, 개인적 견해를 전제로 향후 한일관계가 개선되면 낮은 단계로 태평양전쟁 시 징용, 전사자 유골 수습을 통한 '화해와 치유' 군사위원회를 구성하는 등 상호 신뢰를 증진시켜야 한다.

또한 국제평화유지활동분야 군사협력방안을 모색과 함께 '높은 단계'로 교육사 연락장교 파견, 주일미군 과학화훈련장 및 자위대 훈련장 한미일 공동이용 추진 등 상호운용성을 제고할 필요가 있다.

앞으로 한일 방산협력 채널 구축 및 인적교류 활성화로 협력 기반을 구축하고 공동 개발 및 생산과 탄약을 비롯한 군수품 상호 지원, 다차원(우주, 사이버, 전자파) 영역 등 군사과학기술 분야까지 전략적 방산 협력을 추진해야 한다.

국제사회에서는 영원한 적도 우군도 없다. '가깝고도 먼 나라'인 일본과 현재는 지소미아 파기 및 연장 등 여러 가지 문제로 잦은 충돌이 있지만 한반도를 둘러싼 '미·중 신 냉전체제'의 대두 등 자국 중심의 국제안보정세를 고려 시 한일 양국은 미국과의 동맹을 축으로 보다 긴밀히 상호 협력해야 할 필요가 있다.

손자는 지피지기 백전불태(知彼知己 百戰不殆)라고 병법에 강조했다. 일본을 정확히 알아야 적이든 친구로 상대할 수 있다.

당시 세미나는 "공고한 한미동맹이 북한이 핵을 포기하게 만드는 첩경"이라고 의견이 모아진 가운데 일본에 정통한 발표자들의 제언은 현 정부나 관료 및 사업가들에게 어떻게 대처할 것인가를 알려주는 기회였다.

제복은 영원한 애국이다

스페인도 인정한 우리 영토 독도에서
첫 방어훈련 실시

스페인 상원의사당 도서관의 '조선왕국전도'

문재인 대통령은 2021년 6월 16일 오후 스페인 상·하원 합동연설 직후 필라르 요프 상원의장, 메리첼 바텟 라마냐 하원의장 등과 함께 상원의사당 도서관을 찾아 '조선왕국전도'를 본 뒤 "독도가 한국의 영토임을 보여주는 아주 소중한 사료"라고 말했다.

일본이 도쿄올림픽 지도와 자위대 홍보 영상에 독도를 일본 영토처럼 표기한 데 이어 독도 영유권 주장을 되풀이하고 있는 상황에서 문 대통령이 직접 '독도는 한국 땅'임을 강조한 것이다.

좌_스페인을 국빈 방문 중인 문재인 대통령이 16일 스페인 마드리드 상원의사당에서 상·하원 합동 연설을 마친 후, 상원 도서관을 방문하여 앙헬 곤잘레스 도서관장의 '조선왕국전도'에 대한 설명을 듣는 모습 (사진-연합뉴스)
우_스페인 마드리드 상원의사당 도서관에 소장된 '조선왕국전도' 모습 (사진-연합뉴스)

스페인, 독도가 한국의 영토임을 보여주는 아주 소중한 사료를 제공

이 지도는 독도가 조선 영토임을 증명하고 있다. 중국어식 발음으로 지명을 표시했는데, 당시 독도를 칭하는 우산도(于山島)를 천산도(千山島)로 혼동해 '챤찬타오'(Tchian Chan Tao)로 표기했다는 게 청와대의 설명이다.

앙헬 곤잘레스 도서관장은 문 대통령에게 '조선왕국전도'에 대해 설명하고 "1730년대 대한민국 한반도의 지도인데, 한국인들에게 가장 와닿은 기록이 아닐까 싶다"고 강조했다.

안경을 벗고 꼼꼼히 지도를 살펴본 문 대통령은 "아주 소중한 자료

군 당국이 15일 올해 첫 독도방어훈련인 '동해 영토수호훈련'을 실시하는 모습 (사진-연합뉴스)

를 보여주셔서 감사하다"고 인사했다.

스페인 상원의사당 도서관이 소장하고 있는 '조선왕국전도'는 18세기 프랑스 지리학자이자 지도 제작자인 장 밥티스트 부르기뇽 당빌이 발간한 '신중국지도첩'에 포함된 지도다.

이 제작자는 당시 중국 실측지도인 '황여전람도'를 참고해 중국과 주변 지역을 나타낸 지도첩을 발간했다. '조선왕국전도'는 서양인이 만든 조선지도 중 현존하는 가장 오래된 것으로 알려져 있다.

코로나19를 고려하여 해상, 비접촉 훈련 위주로 독도 상륙훈련은 안 해

우리 군은 문 대통령이 스페인 상원의사당 도서관에서 독도가 한국의 영토임을 보여주는 아주 소중한 사료인 '조선왕국전도'를 확인한 전날인 15일 올해 첫 독도방어훈련인 '동해 영토수호훈련'을 실시했다.

비공개로 진행된 상반기 독도방어훈련에는 해군과 해경 함정 및 항공기를 비롯한 공군 전력이 투입했고 상륙부대인 해병대는 참가하지 않은 것으로 전해졌다.

2020년 하반기 훈련에는 기상과 신종 코로나바이러스 감염증(코로나19) 상황 등을 고려해 상대적으로 적은 전력이 참여했지만, 올해는 예년 수준으로 정상 시행됐다고 정부 소식통은 전했다.

다만 코로나19 상황을 고려해 해상 훈련 및 비접촉 훈련 위주로 실시됐으며, 해병대의 독도 상륙 훈련은 하지 않았다.

한편 일본 방위성은 이번 훈련과 관련해 주일 한국대사관 무관을 불러 항의한 것으로 알려졌다. 일본은 한국군이 독도방어훈련을 할 때마다 반발해왔다.

이에 한국 무관은 일본 방위성 측에 독도가 대한민국 고유영토라는 입장을 분명히 전달했다고 정부 소식통이 전했다.

국방부는 "우리 군이 우리의 영토와 국민, 재산을 수호하기 위해 실시하는 주권적인 훈련을 일본 당국이 항의하는 것에 대해 매우 강

제복은 영원한 애국이다

한 유감을 표명한다"고 밝혔다.

군 관계자도 "해군은 매년 정례인 동해 영토수호훈련을 시행해왔다"며 "이번 동해훈련도 우리 영토, 국민, 재산에 대한 위협에 대응하기 위해 시행했다"고 강조했다.

특히 주변 상황에 아랑곳하지 않고 1986년부터 매년 상·하반기로 나눠 정례적으로 독도방어훈련을 하고 있는 우리 군과 해경에게 격려의 박수를 보낸다.

유사시 중국 등 주변국의 한반도 쟁탈전

랜드연구소의 보고서, 한반도 유사시 중국의 개입 가능성을 현실화

한편, 렉스 틸러슨 미국 국무장관과 중국 외교 사령탑인 양제츠 외교담당 국무위원은 워싱턴 DC의 장관 회동에서 "북한 비핵화를 위해 대북 압박을 계속한다는 양국의 방침을 재확인했다"고 미 국무부가 밝혔다.

헤더 나워트 국무부 대변인은 "틸러슨 장관과 양제츠 국무위원은 오찬에서 '북한의 불법 무기와 핵 프로그램에 대한 압박을 지속한다'는 도널드 트럼프 미 대통령과 시진핑 중국 주석의 방침을 재확인했다"고 밝혔다고 로이터는 전했다.

제복은 영원한 애국이다

양제츠 국무위원은 이날 "중국 정부는 미국이 북한에 선제공격을 하면 안 된다는 경고를 계속해 왔다"며 "대북 해법을 두고 양국의 이견이 좁혀지지 않는 상황에서 회동이 이뤄졌다"고 말했다고 홍콩 사우스차이나모닝포스트가 보도했다.

최근 미 싱크탱크인 랜드연구소에서 '중국의 한반도 개입 시나리오'를 제시한 것은 미중 간의 이견이 좁혀지지 않는 상황에서 묘한 연관성을 느끼게 한다.

이번 랜드연구소의 보고서는 한반도 유사시 중국의 개입 가능성을 현실화하면서 중국군의 남하 정도를 구분해 중국군의 개입 시나리오를 4개 상정했다.

가장 깊게 내려오는 시나리오는 중국군이 평양 남쪽까지 전진해서 영변의 핵 시설을 장악하고 남포~원산을 잇는 동서길이 250Km 구간에서 한·미 연합군과 대치하는 것이다. 그다음은 평양을 포기하고 영변 핵시설 정도로 남하하는 것으로 청천강과 함흥만을 잇는 200Km 구간에서 한미연합군과 대치한다. 동서 전선이 비교적 짧아 가장 현실적이다. 그 밖에 완충지대를 형성할 목적만 갖고 북중 국경에서 내륙으로 100Km 진입할 경우에는 500Km, 50Km 진입할 경우에는 550Km로 대치 구간이 길어 부담을 갖게 한다.

최근 북중 접경지역에서와 남쪽 방공식별구역에서의 빈번한 중국군 활동을 볼 때, 고려시대 몽골 침입과 조선시대 임진왜란, 그리고 6·25남침전쟁 때처럼 주변 강대국이 한반도에서 대리전을 치를 가능성은 점점 높아만 가고 있다.

주변 강대국의 한반도에서 대리전 가능성 농후
한반도에는 북한의 군사적 위협만 존재하는 것이 아니다

우리나라 주변에는 잠재적 위협이 되는 요소들이 즐비하다. 먼저 중국을 보면 이미 압록강과 두만강을 넘어올 준비를 끝낸 상태이다.

중국인민해방군은 모택동에 의해 1927년 8월 1일 '중국공농홍군'을 창설한 이래 2016년 1월까지 10회에 걸친 군사개혁 끝에 관리가 비효율적이었던 600만 명의 대군을 230만 명으로 감군했다.

또한 7개 군구를 5개 군구로 통합하면서 18개 집단군을 13개 집단군으로 개편했다. 2017년 8월 15일 미 던포드 합참의장이 팡펑후이 총참모장과 베이징에서 양국 군대 간 새로운 통신교류협정에 서명한 데 이어 16일 선양의 북구전구 사령부를 방문하여 중국군의 훈련을 참관했다. 그 장소가 북중 접경지역이라 관심이 집중되었다.

많은 군사전문가들은 이 두 사람이 '대북 공격 검토 여부, 북한 급변사태 대비, 한반도 전쟁 방지 등'에 긴밀히 협의했을 것으로 추정했다.

미 던포드 의장의 방문 후 중국은 1979년 당시 베트남전의 영웅(294명 사살)인 리쩌청 육군사령관을 팡펑후이의 후임으로 총참모장

제복은 영원한 애국이다

으로 교체했고, 북구전구 사령관인 딩라이항을 공군사령관으로 임명했다.

북부군부의 북중 접경지 전진배치는 최초에는 압록강 부근에 3만 명이 집결한 것을 일본 산케이신문이 2004년 10월경 보도하면서 시작되었다. 이후 계속적으로 훈련을 해오다가 2016년 11월 용정시 개산둔진(함북 온성지역)에 18집단군 예하여단이 배치된 것을 RFA(자유아시아방송)이 방송했다.

2017년 4월에는 6·25남침전쟁에 참전했던 기계화부대인 39집단군(라오닝)과 신속대응부대인 40집단군(진저우)이 이동을 하여 '쿵징-500공중경보기'와 로켓군 51기지를 선양으로 배치시켰다.

이로써 북부군부 34만여 명 중 10~15만 명이 북중 접경지로 전진 배치되었다고 추정할 수 있다. 같은 시기에 중국인민일보 Global Times는 인민해방군 16, 39집단군이 북한 핵관련 중국 동북부 오염 및 대량 난민을 막아낼 것이며, 북한 내에 중국을 반대하는 정권 존재와 미국군의 압록강까지 진격도 불허하며 이를 저지하기 위해 Bottom Line을 넘을 시 직접 폭격을 할 것이라고 밝혔다.

이는 앞서 랜드연구소의 중국 개입 시나리오를 증명하는 상황을 중국군이 사전 준비하고 있다고 볼 수 있다.

그 외 미군은 이미 한반도 내부에 평택 등지와 일본 오키나와에 전개하여 명령만 떨어지면 출동할 만반의 준비를 하고 있고, 일본도 헌법을 개정하면서 다른 나라에 파병이 가능토록 하였고 자위대의 전력도 계속 보강하고 있는 실정이다.

혹자들은 상상을 뛰어넘는 가정을 이야기하고 있다.

중국, 일본, 미국, 러시아는 불모지대이며 황금의 보고인 북한땅을 나누어 점령하려고 준비를 하고 있으며 북에 대한 군사적 옵션이 개시되면 북한 땅 쟁탈전이 전개될 터인데 우리는 무엇을 준비하는지 한심하다며 개탄하는 전문가의 의견도 있었다.

비약이 심한 어떤 예비역 장교는 미국은 중국과 이미 비밀리에 협상하여 급변사태 시 미국은 김정은 제거 후 핵시설만 점령하여 핵을 모두 회수하고, 중국에게는 개입 시나리오의 어떤 단계까지 점령을 허용하겠다는 약정을 해놓은 상태라고 주장하기도 했으며, 지난 풍계리에서의 붕괴사고 등은 이스라엘 모사드가 작전을 한 것이고, 이미 미군들에 의해 제한적 군사옵션이 시행되고 있다는 설도 존재했다.

그동안 우리는 북한의 오판으로 전쟁이 발발하면 서울도 불바다가 되고 엄청난 피해가 발생할 것이라는 두려움에만 쌓여 있었다. 그런데 상상을 초월하는 미군 전력은 약간의 피해가 발생하더라도 현재의 북한 전력으로는 상대가 안 되기 때문에 군사적 옵션이 시행되면 곧 북한은 지구상에서 없어지고 주변 강국에 의해 쟁탈전이 벌어진다는 것이다.

만약 이것이 현실화된다면 우리는 어떻게 이 위기를 극복할 수 있을 것인가?

과거 통일신라 시대에 백제와 고구려를 점령한 당나라 군대를 몰아

제복은 영원한 애국이다

내기 위해 처절한 전투를 전개했던 역사를 가지고 있다. 반복되는 역사 속에서 우리는 정답을 찾아야 한다.

여야 정치인들이나 정부 관료들은 정신을 똑바로 차리고 이러한 가정이 현실화될 때도 대비해야 한다. 우리 국민들은 평화 통일을 원하고 있다. 그러나 우리 역사상 100년 동안만이라도 전쟁이 없었던 적은 한 번도 없었다. 벌써 6·25남침전쟁이 발발한 지도 68년째이다.

워싱턴 6·25남침전쟁 참전 기념탑에는 "자유는 거져 얻는 것이 아니다(Freedom is not free)"라고 명기되어 있다. 앞의 가정처럼 미중일러가 북측 땅을 점령하기 전에 말로만 떠들 것이 아니라 행동으로 준비해야 한다.

비겁한 평화는 없다. 그렇기에 "평화를 원하거든 전쟁에 대비하라(Si vis pacem, para bellum)"라고 말한 고대 로마의 베게티우스(Vegetius)의 말을 되새겨 들어야 한다.

미·중 패권경쟁 속에서 필요한 지혜는 '모호한 전략'

미국의 '인도·태평양 전략 보고서' 심층 분석하여 우리 대응 전략을 발표

2019년 7월 10일 한국군사문제연구원이 주최한 '미·중 패권경쟁과 한국 안보 구축방향' 포럼에 이상의(전 합참의장), 선영제(전 전쟁기념사업회장), 박정이, 이홍기(전 군사령관), 장군들과 교수, 안보전문가, 국회보좌관, 국방부와 각군본부 실무자 등 60여 명이 참석하여 '제5차 한국군사문제연구원 포럼(KIMA FORUM)'을 개최했다.

포럼에서 우정엽 박사는 '미국의 인도·태평양 전략과 한국의 안보'란 주제로 지난 6월 1일 발간된 미국의 '인도·태평양 전략 보고서

(IPSR)'를 심층 분석하여 30분간 주제 발표를 하였다.

오바마 1기 때만 하더라도 미국은 '판다 안아주기(Panda hugger)'로 표현되는 중국에 대한 유화적 접근이 지배적이었다. 오바마 2기에는 중국의 계속되는 불투명함에 대한 의구심이 증폭되어 이른바 '용의 목 베기(Dragon slayer)'라고 하는 대중 강경책이 공감대를 얻기 시작했다.

이어 도널드 트럼프 대통령은 중국과의 무역 역조가 미국 쇠락의 원인이라고 보았고 대중 강경책이 기어가는 과정을 마감하고 걸어가기 위해 일어서기 시작했다. 해리스 주한미대사의 최근 언급대로 인도·태평양 전략 및 반(反) 화웨이 전선 동참 요구 등이 그 과정의 결과물로 이해된다.

우리 정부는 2017년 11월 한미정상회담 이후, 미국의 '인도·태평양 전략'에 편입할 필요 없다는 거부 의사를 밝힌 데 이어 5G 통신은 안보와 무관하다며 미국이 추구하는 목표에 거부하는 입장으로 대응했다.

한미동맹이 인도·태평양 지역 평화와 안보의 '린치핀(Linchpin, 핵심축)'

그러나 2019년 6월 30일 서울에서 열린 한미정상회담 공동 기자 회견에서 문재인 대통령은 "한국의 신남방정책과 미국의 인도·태평양전략 간 조화로운 협력을 추진하기로 했다"고 발표했다. 미 국무부 역시 트럼프 대통령 방한 설명 자료를 배포하며 한미 정상은 강력한 한미동맹이 인도·태평양 지역 평화와 안보의 '린치핀(Linchpin, 핵심축)'이라는 점을 재확인했다.

미국이 한미동맹을 인도·태평양전략의 린치핀으로 공개적으로 규정한 것은 처음이다.

하지만 우정엽 박사는 70쪽 분량의 인도·태평양전략보고서가 용두사미식이라며 인도양의 내용이 부족하고 안보보다는 무역에 중점을 두고 있고 동맹의 역할, 즉 추구하는 목표지점이 불확실하며 모호하다고 분석했다.

한편 인도·태평양 지역의 현재 및 미래의 안보태세를 살펴보면 현재 인도·태평양전략사령부는 2000대의 항공기와 200대의 군함 및 잠수함을 보유하고 있고 37만 명 이상의 전투병, 수병, 해병, 항공대원, 행정인력, 계약인력 등을 가지고 있다. 물론 미군이 가장 많이 집중되어 파견된 곳은 일본과 한국이다.

반면에 중국은 1993년 「국가안전법」을 필두로 「사이버보안법」 및 「해외 NGO법안」 등을 제정하였다. 이는 미국의 중국에 대한 부정적 인식을 낳게 하였고 이러한 우려가 미국 전략 중심에 있게 만들었다.

이런 부정적 인식은 앞으로도 지속될 것으로 보이며 중국을 경쟁상대(Competition)로보다는 대결상대(Confrontation)로 보는 경향이 강화될 것으로 예측했다.

미중간 딜레마로 한국은 연루(Entrapment)와 방기(Abandonment)의 위험에 노출돼

이 상황은 결국 동맹국 간에 발생하는 딜레마로 연루(Entrapment)와 방기(Abandonment)로의 위험을 제시하였다. 그 예로 북한의 미사일 발사, 미 사드 배치 등은 한국이 결국 인도·태평양전략에 연루(Entrapment)되게 만들어 중국으로부터 제재를 받았다.

미국은 '인도·태평양전략'에서 한국을 북한 관련 한 가지로 국한해 배제하면서도 '신남방정책'으로 한정시켜 일본, 호주, 인도 등과 비교되게 만들었다.

따라서 이런 상황에서 필요한 것은 긴밀한 외교관계 유지이다. 선부른 판단으로 '비참여 혹은 거부' 의사를 밝히는 것보다 부단한 외교노력으로 미국과의 인식 차이를 좁히고 우리의 이익을 해치지 않도록 우리 입장을 이해시키는 것이 중요하다.

한미동맹을 축으로 '자유롭고 개방된 인도·태평양전략(FOIP)' 추진과 '투키디데스 함정'에서 벗어나 중국의 장기전에 대해 '모호한 전략' 유지해야

이어 패널로 참가한 김열수(육사 33기) 한국군사문제연구원 안보전략실장은 미국은 전방위적 차원에서 중국을 압박하고, 중국은 4차 산업혁명인 5G통신을 선도하면서 장기·지구전 구사로 장차 패권국가가 될 것을 확신하고 있다.

따라서 한국은 '투키티데스의 함정(1등이 2등을 좌초시키는 경우)'을 극복하고 '모호한 전략'보다는 한미동맹을 축으로 자유롭고 개방된 인도·태평양전략(FOIP)을 추진해야 한다고 강조했다.

두 번째로 홍규덕(전 국방개혁실장) 교수는 주제발표자의 의견과는 달리 '인도·태평양전략 보고서'에 동맹의 역할이 제시되어 있으며, 일본이 제일의 파트너이고 뒤이어 문재인 정부의 참여 의지 표명에도 동의한다고 말했다.

다만 두 가지 문제가 있는데 첫째는 북한 문제의 시급한 해결이 물론 중요하지만 북한 이후에 대한 로드맵을 구성하는 장기전략이 부재하다는 것이다. 둘째로 정부가 북한의 동시적, 단계적 비핵화 과정을 수용하고 접근하는 과정에서 우리의 안전과 핵 억제에 대한 전략을 어떻게 유지 발전시켜 나갈 것인가에 대한 보다 근본적인 문제를 해결해야 된다.

즉 '한반도를 넘어 지역과 세계를 무대'로 동맹을 활용하고 관리할 필요가 있고 이를 위해 상상력을 동원하고 기본의 관행에서 탈피하는 지혜와 결기가 필요하다고 밝혔다.

중국 전문가인 황재호(외국어대 교수) 박사는 우리가 80년대 말부터 아시아태평양시대에 살았지만 이제는 인도·태평양(인태)시대에 살아

제복은 영원한 애국이다

가야 한다고 말했다.

인태는 중국 국력이 아태를 넘어섰음을 상징하며 미국이 아태로는 중국 견제가 역부족임을 자인한 것이다.

중국은 2010년 경제규모에서 일본을 제치고 2013년 일대일로와 AIB를 통해 신경제질서, CICA에서 아시아안보는 아시아인이 결정해야 한다는 신안전관을 주장하며 '신안보질서' 수립의지를 보였다. 그리고 2049년 '중국몽'을 실현해 세계 초강대국 달성 목표를 분명히 했다.

트럼프의 미국 우선주의(America First)와 맞서는 기존 질서 혼란 상황이 된 것이다. 중국은 중국몽 실현을 위해 지구전 및 장기전으로 버티면 승산이 있다고 확신하고 있는 상황이다.

따라서 "우리는 생존을 위해 어느 편에도 쏠리지 않는 '모호한 전략'이 필요하다"고 주장했다.

패널들의 한국의 안보 구축 방향에 대한 의견은 한미동맹을 강조한 미국의 '인도·태평양전략'에 적극 참여와 미국도 중국도 아닌 '모호한 전략'으로 양분되었다. 이를 종합해 볼 때 새로운 위기가 다가오고 있음을 느낄 수 있었다.

'비겁한 평화는 없다', 원로 선배의 '천하수안 망전필위(天下雖安 忘戰必危)'는 노마지지(老馬之智)

북미 정상회담을 통해 화해무드는 조성되는 듯했지만 북한 비핵화는 좀 더 멀어진 양상이 되어 북의 비대칭 위협은 가중되고 있다. 중국은 미중 패권경쟁 하에서 일대일로 전략 구현을 위해 한국을 포함한 주변국을 압박하는 상황이다. 국내적으로는 경제가 최악의 상황으로 떨어져 G20 중에서도 바닥을 치고 있다.

어쩌면 국내외적으로 심각한 위기로 한걸음 다가가고 있는지도 모른다.

대통령훈령인 「국가위기관리기본지침」에 위기관리단계는 예방-대비-대응-복구의 4단계로 명시되어 있다. 국회의원을 지냈던 어느 예비역 장성은 국가위기관리 양태를 3가지로 분류하며 현상황을 매우 걱정하였다.

첫째가 「국가위기관리기본지침」에 위기관리단계대로 징후목록을 분석하여 위기를 식별하고 철저한 예방 및 대비를 통해 위기의 피해를 최소화시키는 것이다. 둘째는 징후분석을 잘못하여 위기를 인식 못하고 예방과 대비를 못하는 것이며, 셋째는 징후분석을 통해 위기를 식별했으나 타목적을 위해 위기가 아니라고 부정하며 예방 및 대비를 하지 않는 양태라고 말했다.

제2차 세계대전 이후 약 150개국이 독립을 하였다. 그중 대한민국은 가장 성공적인 사례로 꼽히고 있다. 독립한 국가 중 G20에 가입한 유일한 국가이며 어느 순간 세계 10대 경제대국 안에 포함되었고 K-POP은 세계를 제패하고 있다.

그러나 중국 역사상 가장 문명이 뛰어나 『수호전』 등의 명작들과 포청천의 신화들을 기록한 송나라는 자신들보다 몇 배 이상 가난하고 약한 나라들에게 시달리다가 결국 패망했다. 이는 비겁한 평화는 없기 때문이다.

춘추전국시대 제나라의 병법가 '사마양저'가 저작한 병법 『사마법』에 나오는 명언 '천하수안 망전필위(天下雖安 忘戰必危, 천하가 평안하더라도 전쟁을 잊으면 위태롭다)'가 새삼 가슴을 후벼파고 들어온다.

제6장

국가안보와
호국정신

처인성전투와 호국정신

국가의 가장 중요한 임무는 나라를 지키는 것이다. 국방에는 오직 승리만 있을 뿐이지 저항 정도로는 의미가 없다. 저항(抵抗)은 굴하지 않고 맞서 버티는 것이지만 결국에는 굴복(屈伏)이나 투항(投降), 즉 항복으로 이어지기 때문이다. 역사가는 대부분 13세기 초 고려가 몽골에 맞서 싸운 그 시기를 대몽항쟁기라 하며 우리 조상의 강한 호국정신과 승리의 역사는 간과하고 있다.

"숨 쉬는 것은 모두 죽여라, 개미 새끼 한 마리도 살려 두어서는 안 된다" 칭기즈칸은 무자비하고 잔혹했다. 모두 불살라버렸다. 바그다드가 불탔고 그 불길은 헝가리까지 이어졌다. 송나라와 자웅을 겨루던 서하는 지금 황량한 벌판에서 겨우 그 흔적을 찾을 수 있을 뿐이다.

1232년 살리타이(撒禮塔)가 이끄는 몽골군이 고려 강토를 불사르며 처인성에 이르렀다. 몽골군이 처인성의 강한 저항에 부딪쳐 잠시 멈칫하는 순간 승려 김윤후는 화살로 적장 살리타이를 척살했다. 총사령관을 잃은 몽골군은 물러갔고 우리 강토는 전화에서 벗어나게 되었다.

처인성전투의 투혼은 이미 귀주성과 광주성에서 시작되어 후에 충주성전투로까지 이어지기 때문에 그 의미가 더욱 크다. 몽골은 1231년 1차 침입 당시 귀주성을 여러 차례 공격했으나 도저히 함락할 수가 없었다. 몽골군은 마침내 "귀주성은 하늘이 돕는 것이지 사람의 힘이 아니다"며 물러났다. 그 후 살리타이는 다시 고려 강토를 불사르며 광주성에 이르렀는데 공성이 만만치 않자 귀주성의 '악몽'을 떠올리며 이를 피해 수원 쪽으로 내려오다 처인성에서 척살당하게 된다. 처인성전투를 우리 민족의 호국정신의 표상이라고 내세우는 것은 화랑정신에서 비롯된 호국정신으로 몽골의 침략을 막아냈기 때문이다.

호국보훈의 달에 되새기는 '의병의 날'

호국보훈의 달 첫날인 6월 1일은 '의병의 날'

'견리사의 견위수명(見利思義 見危授命)'은 "일신상의 이익을 얻으면 의로움을 생각하고, 나라가 위태함에 처하면 목숨을 바친다"라는 뜻이다.

이 글은 『논어(論語)』에 제시된 것이나 안중근(安重根,1879~1910) 장군이 1909년 10월 26일 하얼빈에서 조선 침략의 원흉 이토 히로부미(伊藤博文)를 사살한 뒤 여순감옥(旅順監獄)에서 1910년 3월 26일 순국하기 전까지 옥중에서 휘호한 유묵으로 더 알려져 있다.

5월은 '가정의 달'이고, 6월은 '호국보훈의 달'이다. 따라서 매년 6

보물 제569-6호인 '안중근 장군 유묵-견리사의견위수명(安重根義士遺墨-見利思義見危授命)'과 일제강점기 시절의 조선 의용군 모습 (사진제공-연합뉴스)

월 6일 현충일에는 대통령을 비롯한 여야 정당대표들이 각각 동작동 국립묘지를 방문하여 추모행사를 한다.

2019년 5월 23일은 노무현 대통령 10주기였는데, 야당의 한 대표는 참석을 못했다. 이러한 정치 상황적인 이유 등으로 여야 영수와 정치인들이 행사에 참석 못하는 경우가 있었다. 이번에도 뜻있는 현충일 추모행사를 제대로 할 수 있을지 우려된다.

우리의 역사를 돌이켜 봐도 정치인들은 주변국의 위협에 대처하는 것에 집중하기보다는 당파싸움에 몰입하여 나라를 위태롭게 만든 일이 부지기수였다. 또한 외침을 받았을 때 정규군인들이 막아내어 승리하는 것보다는 전국 각지에서 일어난 의병들에 의한 승리가 더 많았다.

제복은 영원한 애국이다

고려, 조선시대에도 마찬가지였다. 조정의 정규 군대들은 몽골군과 왜군에게 패퇴하여 쫓겨 갔지만 자발적으로 일어난 의병들의 항전이 애국애족정신을 바탕으로 국가보존과 통합, 국가발전의 원동력이 되었다.

　　그래서 1982년 10월 19일 안효상 의병기념사업회장과 박순천 씨 등은 4월 22일을 '의병의 날'로 정해달라고 국회 등에 청원했다. 이들은 독립기념관 건립추진과 때맞춰 외세항쟁정신을 국민들에게 심어주기 위해 임진왜란이 일어났던 1592년에 '홍의장군 곽재우'가 경남에서 의병을 일으켜 항일의병의 효시가 됐던 4월 22일을 '의병의 날'

제8회 의병의 날 기념식에서 한경호 경남지사 권한대행은 "홍의장군 곽재우를 비롯한 의병들의 애국정신은 일제강점기 독립운동의 근원이었을 뿐 아니라 대한민국 경제성장의 바탕이 됐다"며 "의병들의 호국정신을 되새겨 현재의 위기를 슬기롭게 극복해 나가자"고 당부했다. (사진제공-연합뉴스)

로 정하자고 건의했다.

그 후 2008년 8월 의령 군수 등 1만 5586명이 '호국의병의 날' 기념일 제정을 국회에 다시 청원하였고, 2010년 2월 국회 본회의에서 의결되었다. '곽재우 홍의장군'이 최초로 의병을 일으킨 음력 4월 22일을 양력으로 환산해 호국보훈의 달 첫째 날인 6월 1일로 선정했다.

2010년 5월 25일 「각종 기념일 등에 관한 규정 일부 개정령」이 대한민국 관보에 게재, 공포되면서 오늘에 이르고 있다.

의병은 우리 민족의 국수·국성, 나라는 멸해도 의병은 살아남아

조선시대 이전에는 의병이란 용어를 사용하지 않았다. 이는 조선 이전에는 개인이 지배하는 사병이 존재하였고 때로는 사병이 나라의 명을 받아 활동하기도 하는 등 정규군과 비정규군의 경계가 모호하였기 때문이었다.

고려시대 삼별초는 고려가 항복하기 이전에는 '최우'의 사병집단인 민병이었으며, 대몽골항전으로 유명한 '김윤후'가 경기도 용인의 처인성지에서 몽골군 사령관 '살리타이'를 사살할 때 그의 신분은 승려였고 그가 이끈 군대는 노비가 주축인 민병이었다.

조선시대에 와서 임진왜란과 일본제국주의 침략에 맞서 싸운 각지의 민병들을 '의병'이라 부르기 시작했다.

제복은 영원한 애국이다

임진왜란 기간 동안 각지에서 의병이 조직되어 왜군과 싸웠다. 그때 의병은 농민이 주축을 이루었으나 그들을 조직하고 지도한 것은 전직 관료와 사림, 그리고 승려들이었다.

의병의 신분 구성이 다양하듯이 사상적 기반도 다양하였지만, 유교의 충의정신(忠義精神)이 핵심을 이루고 있었다. 유교를 발전시킨 것이 국방을 소홀히 한 점도 있지만, 그 대신 국민들의 충성심을 배양하여 그 저력이 서서히 드러나게 된 것이다. 또한 한국은 예로부터 향촌 공동체가 향토방위를 떠맡아 온 오랜 전통이 있었기 때문에 의병 부대를 조직하기는 매우 수월하였다.

의병들은 향토 지리에 익숙하고, 향토 조건에 알맞은 무기와 전술을 터득하고 있었다. 그리하여 적은 병력으로 대군을 물리치기 위해서 정면충돌보다는 매복, 기습, 위장 등과 같은 유격전술을 많이 써서 적에게 큰 괴로움을 주었다.

임진왜란 시 의병은 각처에서 일어나 그 수를 헤아리기 어려우나, 그중에서도 많은 전과를 거두고 명성을 떨친 사람은 평안도의 조호익(曺好益), 양덕록(楊德祿), 서산대사, 함경도의 정문부(鄭文孚), 경기도의 김천일(金千鎰), 심대(沈岱), 홍계남(洪季男), 경상도 의령의 곽재우(郭再祐), 고령의 김면(金沔), 합천의 정인홍(鄭仁弘), 영천의 권응수(權應銖), 충청도의 조헌(趙憲), 전라도의 고경명(高敬命), 황해도의 이정암(李廷馣), 강원도의 사명당 등이다.

전란이 장기화되면서 왜군에 대한 반격 작전은 한층 강화되어, 그

때까지 산발적으로 일어난 의병 부대 등을 통합하여 관군에 편입시켰다. 이러한 의병들은 지형지물을 이용한 작전 등 관군의 전투 능력을 배가시켜 한층 조직성을 띠게 되었다.

병자호란 시에도 각지에서 의병이 조직되어 청나라군의 주 침공루트를 중심으로 크게 활약하였다.

일제 강점기에 활약했던 의병들은 '13도 창의군'을 조직하여 서울 공격을 시도하는 등 강력히 저항하였으나, 결국 국권 회복에 성공하지 못한 채 일본군에 의해 진압되거나 해산될 수 밖에 없었다. 그러나 이들의 상당수는 독립군과 광복군에 참여하여 이후 항일무장독립운동의 모태가 되었다.

대한제국 시기 일본 제국주의에 대항하여 일어난 의병은 1895년의 '을미의병'과 1905년 이후의 '을사·정미의병'이 대표적이다.

1895년 의병은 흔히 '을미의병'이라 하며 지방의 명망 있는 유생을 중심으로 단발령과 명성황후 시해에 반발하여 일어난 것이다. 초기 의병은 양반 중심의 활동으로 인해 큰 성과를 거둘 수 없었다.

이들 중에는 흥선대원군 집정기에 쇄국정책의 사상적 기반을 제공한 이항로의 문하생이 많았으며 위정척사의 명분에 의해 봉기하였다. 아관파천이 일어나고 일본의 영향력이 어느 정도 퇴조하자 '을미의병'은 대부분 해산하였다.

1905년 '을사늑약'이 체결되자 국권회복이 가장 큰 과제로 떠올랐고 전국 각지에서 다시 의병이 봉기하였다. 이를 '을사의병'이라

제복은 영원한 애국이다

한다.

이 시기의 의병 역시 초기에는 최익현 등 지방의 존경받는 유생에 의해 시작되었으나 투쟁 대열에서 곧 탈락되었다. 최익현은 관군이 진압하자 국왕에게 칼을 겨눌 수 없다는 봉건 윤리에 의해 스스로 투항하였고, 이 대신에 무명의 유생과 농민이 의병의 주축이 되었다.

1907년 8월 1일 대한제국 군대가 해산된 이후 상당수의 군인이 의병에 합류하기도 하였다. 당시 의병장은 안계홍과 같은 몰락 양반이거나 한봉수(한민구 전 국방장관의 조부), 신돌석과 같은 평민들이었다. 이들의 요구 역시 '을미의병'의 위정척사라는 명분보다는 공평한 토지의 분배와 같은 봉건 수탈의 해체를 포함한 것이었다.

이 해에 일어난 의병을 '정미의병'이라 한다. 특히 1907년과 1910년 사이의 의병 투쟁은 매우 격렬하여서 일본측의 공식통계로 볼 때에도 15만여 명의 봉기, 2851회의 충돌에 1만 6700명 사망, 부상 3만 6770명으로 총 5만 3000여 명의 의병 사상자가 발생하였다.

골프와 바둑이 성공하는 것은 정부에 관련 부처 없기 때문?

『한국통사』를 지은 박은식은 "의병은 우리 민족의 국수요, 국성이며, 나라는 멸할 수 있어도 의병은 멸할 수 없다"고 했던 만큼 의병의 의미를 되새겨 볼 필요가 있다. 의병은 나라가 외적의 침입으로 위급

할 때 국가의 명령을 기다리지 않고 민중이 스스로의 의사에 따라 외적에 대항하여 싸우는 구국 민병을 뜻한다.

스스로의 의사에 따른 민중이라 하면 군사적 훈련을 전혀 받지 않은 백성과 선비들을 말한다. 칼 한 번 제대로 휘둘러 보지 못한 선현들은 오로지 의지 하나로만 외적을 막고, 목숨을 바쳤던 것이다.

최근 회자되는 문구 중 눈에 확 띄는 것이 있다.

"우리나라 골프와 야구, 바둑 등이 성공하는 것은 정부에 골프와 야구, 바둑 등을 담당하는 부서가 없기 때문이다?" 무능한 정부행정을 비유한 말로 의미하는 바가 크다.

과거 임진왜란, 병자호란, 일제침략의 역사 속에서 당파싸움과 개인이익을 위해 나라를 풍전등화(風前燈火)의 위기로 몰아넣은 것은 조정관료들이었고, 이 나라를 구해낸 것은 앞서 설명한 것 같이 '의병'이었다.

요즈음도 우리나라의 체육인들 중 야구와 축구, 골프선수들이 세계적인 명성을 떨치고 있는 반면 정치인들과 정부관료들은 언덕 위에 떠도는 허황된 구름만 쫓거나 복지부동(伏地不動)하며 민생과 국민들은 내팽겨치고 있다.

'의병의 날'을 맞이하여 일제 강점기 유명한 의병활동가 중의 한 분이자 당시 고종황제가 지원했던 조직인 '대한의군'의 참모중장이었으며, 이등박문(伊藤博文, 이토 히로부미)를 사살한 '안중근 장군'의 가르침을 관군민(官軍民), 우리 국민들은 마음속에 되새기며 다시 한번 다

제복은 영원한 애국이다

짐해야 한다.

　'견리사의 견위수명(見利思義 見危授命)' 즉, 이익을 볼 때는 정의를 생각하고 국가가 위기에 처한 것을 볼 때는 목숨을 바쳐라…!

천안함 폭침과 안중근 '장군'의 순국이 주는 국가보위(國家保衛)의 함의

3월 26일은 천안함 폭침사건이 발생하고 안중근 의사가 순국한 날

매년 3월 26일은 온 국민이 슬프지만 꼭 기억하고 각오를 다져야 하는 날이다.

2010년 북한의 천인공노할 천안함 폭침 만행으로 46명의 전우가 희생된 날이자 동양평화를 유언으로 남긴 채 32세의 나이로 순국한 안중근 의사의 기일이기도 하기 때문이다. 이날 경기도 평택 해군 제2함대사령부에서 서해 NLL을 수호하다가 천안함 폭침으로 산화한 46용사의 희생을 기리는 9주기 추모행사가 열렸다.

2019년 11월 건립된 천안함 추모비 앞에서 진행된 추모행사에는

천안함 46용사 묘역 (사진제공-김희철)

천안함 용사들의 유족과 전우(전역자 포함), 함대 장병, 천안함 재단 관계자 등이 참석했다.

강동훈 제2함대 사령관은 추모사에서 "오늘도 우리 해군은 46용사의 고귀한 희생이 헛되지 않도록 전장에서의 승리를 다짐하고 있다"며 "호국영령의 희생을 기억하면서 서해를 수호하자"고 당부했다.

또한 서울 중구 '안중근의사 기념관'에서 이날 오전에 열린 순국 109주기 추모식에서는 스가와라 토시노부 일본 미야기현 구리하라시 국제교류협회장 등 일본인 참석자들까지도 안중근 의사의 영정 앞에 헌화했다.

'대한의군'의 지휘관이었던 안중근은 '의사'가 아니라 '장군' 호칭이 타당, 천안함 폭침 희생자와 안중근 의사는 모두 나라를 지킨 인물들

그러나 안중근 장군은 '의사'가 아니라 '장군'이다. 그 이유는 1907년 8월 일본에 의해 군대가 해산되자 안중근은 무장독립운동을 위해 망명길에 올라 소련의 연해주에서 의병 창설에 참여했다. 대한의군 참모중장이 된 후에는 두만강을 건너와 회령, 영산 일대에서 일본군과 치열하게 싸웠다.

당시 고종황제는 강제 퇴위당한 상태에서도 연해주 지역 동포들에게 군자금을 보내 항일의병조직을 지원했는데, 바로 이 조직이 '대한의군'이다. 안 장군은 이 조직의 지휘관으로 맹활약했다.

따라서 안중근을 '의사'로 부르는 것보다 '장군'으로 호칭하는 것이 더 타당하다.

이처럼 대한의군 참모중장 안중근 장군이 대한제국 침탈의 원흉인 이토 히로부미를 사살한 '하얼빈 대첩'은 대한제국 최초 해외 군사조직의 활약상을 명명백백하게 보여준 쾌거로, 망국의 암흑 속에서도 국군 탄생의 앞날을 환하게 밝힌 영원한 불꽃이 되었다.

더불어 오늘의 우리 국군은 천안함 폭침에 의한 46명 전우들의 희생이 헛되지 않도록 북한이 또다시 무력도발을 할 때에는 단호히 응징하여 국가보위(國家保衛)에 최선을 다해야 한다

제복은 영원한 애국이다

봉오동·청산리 전투 영웅들의 엇갈린 회한

홍범도 장군의 〈봉오동 전투〉 450만 명 관객 돌파, 김좌진 장군,
청산리전투에서 일본군 3000여 명 궤멸시키는 대승

    문재인 정부 중반기에 흥행배우 유해진이 주연한 영화 〈봉오동 전투〉가 2019년 8월 25일 오전 손익분기점인 누적 관객 수 450만 명을 돌파하여 장기 흥행세에 탄력을 더하게 되었다.

    개봉 첫날부터 박스오피스 1위를 기록하며 거침없이 흥행 질주를 달려온 〈봉오동 전투〉는 1920년 6월, 대한독립군 총사령관인 홍범도 장군(1868~1943)이 지휘하여 독립군의 뜨거운 첫 승리를 안겨준 역사적 순간을 담아낸 감동의 드라마이다.

영화 〈봉오동 전투〉 450만 명 관객 돌파

    시원한 질주 액션과 믿고 볼 수 있는 대한민국 대표 배우 최민식과 박희순 등이 특별출연해 다채로운 연기 향연을 펼치고 있다. 이에 남녀노소 전 세대 관객들의 끊임없는 호평과 각계각층의 단체 관람 열풍을 이끌며 관객몰이를 이어와 올여름 극장가를 풍성하게 채웠다.

    실제 영화에 묘사된 봉오동전투의 4개월 뒤, 청산리에서 또다시 한국 무장독립운동 사상 가장 빛나는 전과를 올려 청산리전투와 봉오동전투는 대첩(大捷)으로 독립전사에 기록되어 있다.

    봉오동 죽음의 골짜기에서 홍범도 장군의 대한독립군에게 처절한 패배를 맛본 일본군 동지대(東支隊)는 곧바로 독립군에 대한 대규모 토벌작전에 돌입하였다.

    이에 독립군 북로군정서 사령관 김좌진 장군(1889~1930)은 백운평 고지에 독립군을 매복시키고 일본군을 기다렸다가 21일 아침에 호구

제복은 영원한 애국이다

속으로 들어온 일본군을 기습하였다.

일본군은 완전히 무너져 전위부대 200명이 전멸하였고 뒤이어 도착한 야마타(山田) 연대도 독립군의 공격으로 사상자가 속출하자 퇴각하였다. 북로군정서군도 차후 작전을 대비하여 일본군을 추격하지 않고 갑산촌(甲山村)으로 철수하였다.

이 시각 이도구 완루구(完樓溝)에서도 일본군이 북로군정서 제1연대장으로 임명받은 홍범도 대한독립군 사령관이 이끄는 독립군 연합부대를 공격하였다.

홍범도의 1연대는 저지선에서 전투를 펼쳤으며 예비대는 우회해 오던 일본군의 측면을 공격하였다. 일본군은 이러한 공격을 예상치 못하고 있다가 독립군 예비대가 빠져나가자 자기 일본군 부대를 독립군으로 오인하여 일본군끼리 교전을 하였다. 이 전투에서 독립군은 일본군 400여 명을 사살하였다.

10월 22일 새벽에 갑산촌에 도착한 북로군정서군은 인근 천수평(泉水平)에 일본군 기병 1개 중대가 야영 중이라는 정보를 입수하고 일본군을 포위하고 공격하였다. 이 전투에서는 독립군은 일본군 120여 명 중 어랑촌(漁郎村) 본대로 탈출한 4명을 제외하고 모두 사살하였다.

어랑촌으로 탈출한 일본군은 참패 소식을 그곳에 주둔한 아즈마(東正彦) 부대에게 알렸다. 일본군의 반격을 예상한 북로군정서군은 유리한 고지를 선점하여 출동한 일본군과 치열한 교전을 하였다. 이 전투에 독립군은 북로군정서군과 완루구에서 승리한 홍범도부대 등 약

1500명이 총동원되었다.

또한 10월 24일에는 천보산 부근에 주둔하고 있던 일본군을 습격하였으며, 25일 밤 고동하(古洞河) 골짜기에서 독립군의 흔적을 발견하고 추적하던 일본군에게 매복하고 있다가 최종적인 타격을 가하였다.

종합해 보면 김좌진 장군이 지휘하는 북로군정서와 홍범도 장군이 이끄는 대한독립군 등 3천여 명이 청산리 일대에서 일본군 동지대 5천여 명과 전투를 벌인 결과 최종 일본군 3천여 명(일본측 자료 812명)을 궤멸시키는 대승을 거두며 우리 민족의 독립정신을 크게 고취시켰다.

그러나 청산리전투에서 패배한 일본군은 독립군에 협조했거나, 앞으로도 협조할 가능성이 있는 사람들뿐만 아니라 아예 독립군의 씨를 말려 버릴 작정으로 간도에 있는 한인 마을과 농장을 불태우고 수천 명을 살상하는 만행을 저질렀다.

간도 주민들의 희생을 뒤로 한 채 간도와 연해주 지역에 있던 무장 독립군들은 러시아의 자유시로 집결했다. 이유는 강대국 러시아가 독립군을 지원해 준다면 일제를 상대하기 더 쉽고, 흩어져 있던 독립군들이 하나로 모이면 더 큰 힘을 발휘할 거라고 믿었기 때문이었다.

제복은 영원한 애국이다

청산리전투에서 패배한 일본군, 만주 간도 한인 마을과 농장을 불태우는 만행 자행

간도와 연해주 지역에 있던 무장 독립군들은 청산리전투에서 패배한 일본군의 만행으로 희생된 간도 주민들을 뒤로 한 채, 러시아의 알렉셰프스크(자유시)로 이동해 집결했다. 이유는 강대국 러시아가 독립군을 지원해 준다면 일제를 상대하기 더 쉽고, 흩어져 있던 독립군들이 하나로 모이면 더 큰 힘을 발휘할 것이라고 믿었기 때문이었다.

하지만 1921년 6월 28일, 그곳에서 예상치 못한 이르쿠츠크파 고려공산당과 상해파 고려공산당의 파쟁이 일어나 한국 무장 독립운동 사상 최대의 비극적 사건인 '자유시 참변' 또는 '흑하사변(黑河事變)'이라 불리는 사건이 발생했다.

하나로 집결한 부대의 지휘권을 놓고 지도자들끼리 싸움이 벌어져 두 파로 나뉜 독립군 중 한 파가 러시아와 손을 잡고 의견이 다른 독립군을 배신하고 말았다. 알렉셰프스크에서 3마일 떨어진 수라젭카에 주둔 중인 한인 부대인 사할린 의용대를 러시아 적군(혁명군) 제29연대와 한인보병 자유대대가 독립군의 해산을 요구하며 무장해제시키는 과정에서 서로 충돌한 것이다.

이 과정에서 960명의 독립군이 죽고, 1800여 명이 실종되거나 포로로 잡히는 엄청난 피해를 입었다. 우리끼리의 싸움으로 이렇게 많은 동지들이 죽게 되자, 사건과 관련된 지도자들은 미안한 마음에 스

좌측부터 독립군 북로군정서 사령관 김좌진, 대한독립군 사령관 홍범도, 의열단장 김원봉 사진 (사진출처-보훈처/동영상 캡처)

스로 목숨을 끊기도 하고 해외로 망명하기도 했다.

김좌진 장군은 공산당 청년회 박상실의 흉탄에 순국, 홍범도 장군은 러시아의 한인 강제이주 정책으로 카자흐스탄에서 초라한 말년

한편 항일무장투쟁 독립운동의 영웅인 김좌진 장군은 청산리 전투 이후 헤이룽강 부근에서 대한독립군단을 결성하여 부총재를 역임하였고, 1925년 신민부를 창설하여 군사부위원장 겸 총사령관으로 있으면서 성동사관학교를 설립, 부교장으로 독립군 간부 양성에 주력했다. 또한 1929년 한족연합회를 결성, 주석에 취임하여 황무지 개간, 문화계몽사업, 독립정신 고취와 단결을 호소하였다.

그러나 이듬해인 1930년 1월 24일 중동철도선 산시역(山市驛) 부근 정미소에서 고려공산당 청년회 김봉환의 감언이설에 빠진 박상실의 흉탄에 맞아 불혹인 40세의 나이에 순국하였다

청산리·봉오동 전투의 또 다른 영웅인 대한독립군 총사령관 홍범도 장군도 '자유시 참변'을 겪은 뒤 의병활동을 접고 이르쿠츠크로 이동하였다. 이후 연해주에서 러시아로 귀화해 콜호스(집단농장)를 차려 농사를 지으며 한인들에게 민족의식을 고취시키려 노력을 했다.

그는 1937년 스탈린의 한인 강제이주 정책에 의하여 카자흐스탄으로 강제 이주됐다. 이곳에서 극장 야간수위, 정미소 노동자로 일하며 초라한 말년을 보내다 1943년 76세로 사망하였다.

김원봉은 북한 '국가검열상'으로 6·25남침전쟁 주도, 전후 '팽' 당해 숙청

또다른 항일무장투쟁의 영웅인 의열단장 김원봉(1898~1958)은 최근 정부에서 보훈자 선정을 추진하다가 여론의 뭇매를 맞은 인물로 무정부주의(아나키스트) 무장투쟁노선의 독립운동가였다.

그는 경남 밀양(密陽)에서 태어나 중국 난징(南京)의 진링(金陵)대학에 입학하여 망명생활을 하다가 1919년 12월 의열단을 조직하고 국내의 일제 수탈기관인 동양척식주식회사와 경찰서 등에 폭탄을 투척

파괴하고, 친일 및 일본군 암살 등 항일무장투쟁을 하였다.

또한 1935년 조선민족혁명당에서 중국 관내지역 민족해방운동을 주도하였고 중국국민당의 동의를 얻어 '조선의용대'라는 군사조직을 편성하기도 하였다. 1942년 광복군 부사령관에 취임하였으며, 1944년 대한민국임시정부의 국무위원 및 군무부장을 지내다가 8·15 광복 후 귀국하였다.

그런데 조선의용대 후신인 중국 인민해방군의 조선의용군(5만 명)은 6·25남침전쟁 직전 북한에 들어가 인민군 전력의 3분의 1 규모를 차지했다. 평양방어사령관을 맡은 무정을 비롯해 5사단장 김창덕, 6사단장 방호산, 12사단장 전우 등 인민군 장성 50% 정도가 조선의용군 출신이었다.

6월 25일 새벽 남침한 북한인민군 연대 21개 중 47%인 10개 부대도 마찬가지였다. 조선의용군 입북은 "김일성으로 하여금 남침 전쟁 도발 결심과 전쟁 승리의 확신을 심어준 결정적 요인이었다"고 많은 전문가들이 주장했다.

김원봉은 해방 이후 남북협상 때 월북하면서 사회주의 정치인의 길을 걸었다. 1948년 8월 북한 최고인민회의 1기 대의원이 됐고, 같은 해 9월엔 북한 초대 내각의 국가검열상 및 노동상에 임명되어 간첩활동을 지도하고 군량미를 생산하는 등 남침전쟁의 주역이 됐다. 그러나 6·25남침전쟁 이후 1958년 11월 김일성 비판을 제기한 연안파 제거작업 때 숙청됐다.

제복은 영원한 애국이다

정부는 1962년 항일무장투쟁의 영웅인 김좌진, 홍범도 장군에게
는 건국훈장을 추서했다. 그러나 안타깝게도 김원봉은 항일무장투쟁
업적은 인정되지만 대한민국 건국에는 오히려 방해가 되어 제외되었
고, 우리 헌법에 반하는 행동을 하여 동족을 비극에 떨어뜨린 위법자
로 추락했다.

따라서 김원봉은 6·25남침전쟁을 일으킨 인민군의 중심에 그가 있
었고, 천만 이산가족과 수만 명의 목숨을 앗아간 우리 민족 동족상잔
의 비극 역사를 만든 주역이 되었다.

비극의 역사 반복 막도록 철저한 안보의식 고취와 자주국방태세 강화

2019년 8월 24일 새벽 북한은 함경남도 선덕 일대에서 동해상으
로 '새로 연구 개발한 초대형 방사포' 2발을 최고 고도는 97㎞, 비행
거리는 약 380여㎞로 시험 발사하면서 금년에만 9차례의 미사일을
발사했다.

대륙간탄도미사일(ICBM)은 미국의 압박으로 발사하지 못하면서 남
한을 사정거리에 두고 위협하는 '초대형 방사포 및 단거리 미사일'은
거리낌 없이 발사했다.

김정은 북한 국무위원장은 북한중앙통신에서 "우리의 힘을 우리가

요구하는 수준으로 끌어올리기 위한 굴함 없는 공격전을 벌려 적대세력들의 가중되는 군사적 위협과 압박 공세를 단호히 제압 분쇄할 우리 식의 전략전술무기 개발을 계속 힘 있게 다그쳐 나가야 한다"고 강조했다.

김 위원장이 이야기한 "우리의 힘을 우리가 요구하는 수준"이란 강대국 미국과는 협상으로 시간을 벌면서 남한을 목표로 노후된 1천여 기의 노동미사일을 대체하여 남한 전역을 사정권에 포함시킨 '초대형 방사포 및 단거리 미사일'을 개발하는 것이다.

이러한 상존하는 위협은 해방 후 김원봉이 오판해 김일성을 도와준 결과이기도 하다. 게다가 우리 정부는 이것이 안전보장이사회 의결사항 위반이 아니라고 북한 편을 들고 있다.

항일무장투쟁의 영웅들이 대한민국 건국훈장에 추서되어 존경받는 역사적 인물도 되지만, 한순간의 오판으로 민족역사의 위법자가 되고, 천만 이산가족을 만들며 수백만 명의 목숨을 앗아간 동족상잔의 비극을 만든 주역이 될 수도 있음을 기억해야 한다.

이런 와중에 우리는 항일무장투쟁 영웅들의 엇갈린 회한이 담긴 삶의 마무리 과정을 돌아보며 가슴이 절여오는 안타까운 심정을 억누를 수 없었다. 하지만 우리 후손들의 희망찬 미래를 위해 비극의 역사가 반복되지 않도록 철저한 안보의식 고취와 함께 자주국방태세 약화를 막아야 한다.

제복은 영원한 애국이다

봉오동 전투 승리와 독립군 궤멸 책임의 딜레마에 빠진 홍범도

독립군 유인, 학살 '자유시 참변' 가담 후 레닌 이름 새겨진 권총과 금화 선물받아

8·15광복 76주년을 맞이하는 2021년에 카자흐스탄 크즐오르다에 안장됐던 홍범도 장군의 유해가 봉환됐다. 문재인 대통령은 홍범도 장군에게 건국훈장 1등급인 '대한민국장'을 추가 서훈했고, 그의 유해는 8월 18일 대전국립현충원에 정식으로 안장됐다.

한데 1921년 6월 '자유시 참변' 발생 시, 소련 공산당과 협력하여 독립군을 유인, 학살했던 홍범도 장군이 묻히는 대전 현충원에는 마찬가지로 북한군의 6·25남침전쟁과 제2연평해전, 천안함 폭침, 연평

홍범도 장군 유해봉환 대통령 특사단(단장 황기철 국가보훈처장)이 8월 14일 카자흐스탄 홍 장군 묘역 앞에서 추모식하는 모습 (사진-국가보훈처)

도 포격 도발에서 전사한 국군 용사들이 안장돼 있다.

따라서 1920년 6월 봉오동 전투의 주역으로 알려진 홍범도 장군이 소련 공산당의 사주를 받아 한국독립군을 몰살에 이르게 한 '자유시 참변'의 책임에서 자유롭지 못하다는 문제 등 냉정한 평가가 요구되면서 현충원 안장과 대한민국장 추서 자격에 부합하는지 논란이 제기된다.

제복은 영원한 애국이다

홍범도, 한국 독립군 대학살 '자유시 참변' 가담, 이후 대한 무장독립운동도 막 내려

'자유시 참변'은 1921년 6월 28일 소련 스보보드니(자유시)에서 적군(赤軍)이 대한독립군을 포위해 학살한 사건이다. 당시 홍범도 장군을 비롯한 대한독립군은 한인사회당 이동휘의 선전, 유도에 따라 자유시에 집결했다. 모인 사람은 4500여 명에 달했다.

대한민국 임시정부를 집요하게 공산화하려 했던 이동휘의 한인사회당은 소련으로부터 천문학적 자금을 지원받은 뒤 한인 무장독립군을 소련 적군에 편입시키기로 했다. 이동휘는 임시정부 국무총리(1919년~1921년)로 있는 동안 소련으로부터 200만 달러를 지원받았다.

자유시에 집결한 대한독립군은 민족주의, 공산주의, 무정부주의 등 다양한 성향의 조직이 혼재된 상태였다. 이들 사이에서는 적군 산하로 편입돼야 한다는 세력과 이를 거부하는 세력 등으로 분열돼 반목 현상이 심화됐다.

이 중 청산리대첩에 참전했던 사할린 출신 부대에서 소련군 편입을 거부하는 목소리가 커지자, 소련군은 기관총과 대포, 장갑차 등을 앞세워 이들을 무자비하게 학살했다.

이 과정에서 홍범도는 사할린 부대 편에 섰다가 이르쿠츠크파 자유대대 편으로 돌아서서 사할린 부대를 공격하는 데 가담했다. 이르쿠츠크파 배후에는 소련 정부가 있었다.

자유시 참변에서 독립군은 전사 272명, 익사자 31명, 행방불명 250명, 포로 917명 등 상당수가 희생당했다. 이밖에도 부상자 수백 명, 벌목 노동에 끌려간 인원수는 1천여 명이 넘어 3500명에 달했던 대한독립군은 사실상 궤멸되었다.

당시 가장 심각한 피해를 당한 부대는 청산리대첩에 참가했던 부대인 것으로 알려졌다. 다행히 청산리대첩을 승리로 이끈 김좌진 장군은 당시 러시아행을 탐탁해 하지 않아 이들과 함께 가지 않고 국내로 되돌아와 참변을 면했다. 그러나 김좌진 역시 1930년 공산주의자 박상실에게 암살당했다.

8월17일 청와대에서 열린 홍범도 장군 훈장 추서식에서 연설하고 있는 문재인 대통령 (사진-청와대)

제복은 영원한 애국이다

자유시 참변 이후 항일 무장독립군은 시베리아와 만주 벌판 곳곳에서 사살, 체포당하거나 강제노동에 끌려갔고, 이로써 한국 무장독립운동은 사실상 막을 내리게 됐다. 1920년 이후 봉오동·청산리대첩과 같은 항일 무장독립운동 역사를 찾아보기 힘든 이유 중 하나다.

　　홍범도는 그 뒤 소련의 레닌으로부터 금화 100루블과 홍범도의 이름이 새겨진 권총 등을 선물로 받은 사실도 확인됐다.

　　자유시 참변 이듬해인 1922년 2월 모스크바에서 코민테른의 주최로 열린 극동민족대회에 홍범도는 한인 대표로 참석했고, 여기서 레닌과 단독면담도 가졌다. 학계에서는 "레닌의 선물은 사실상 소련에 협조해 준 감사의 표시나 다름없다"는 해석을 내놓고 있다.

　　1921년 자유시 참변 이후 홍범도는 휘하 병력 300명을 소련군에 편입시켰고, 그 자신은 소련군 제5군단 합동민족여단 대위로 편입된 뒤 25군단 조선인여단 독립대대 지휘관으로 승진했다. 군복은 1923년에 벗었다.

　　홍범도는 1937년 스탈린의 명령으로 중앙아시아로 강제추방됐으며, 카자흐스탄에서 극장 경비원으로 여생을 보내다 1943년 10월 25일 76세에 삶을 초라하게 마감했다.

북한군에 의해 전사한 많은 국군들이 영면하는 곳에 친소 괴뢰 홍범도의 안장은 잘못

　일본군 1천여 명 이상을 궤멸시킨 '청산리대첩'은 중대 규모를 패퇴시킨 홍범도의 봉오동 전투에서부터 시작된다. 그러나 작전술적 기동을 통해 일본군 주력을 궤멸시킨 것은 김좌진, 이범석 등의 탁월한 전술적 혜안 때문이었다.

　전 육사교장 박남수 장군(육사 35기, 육군 중장 예편)이 저술한 책 〈군인 이범석을 말한다〉에 따르면 "홍범도는 조선말에 하층계급에서 일어선 의병장으로서 애국심과 전술적 투쟁력이 대단히 뛰어났다. 그러나 그것이 홍범도의 한계였다"는 이 장군의 의견이 적혀있다.

　또한 철기 이범석 장군은 그의 회고록 〈우등불〉에서 "홍범도 부대가 연합을 이탈한 며칠 후에 안도현 입구인 우도양창 계곡에서 일제의 포위망에 걸려 거의 궤멸 수준에 가까운 피해를 입었다"라고도 했다. 이것은 1990년 소개된 〈홍범도일지〉에 실제 그런 사실이 있었던 것으로 기록돼 있다.

　한편 뉴데일리 기사에 따르면 강규형 명지대 역사학과 교수는 "홍범도는 독립운동을 하기는 했는데, 자유시 참변 당시 독립군 몰살을 주도했다. 문재인 정부는 이동휘의 감언이설에 속았다고 주장하는데, 당시 홍범도 나이가 만 53세였다"고 의견을 밝히며 이의를 제기했다.

　이어 강 교수는 "홍범도가 아무리 독립운동을 했다 하더라도 결국

'자유시 참변'에서 민족운동사에 '궤멸적 타격'을 입힌 반민족행위를 한 것에 대한 책임을 져야 할 사람이고, 이 공로로 레닌한테 돈도 받고 대우도 받지 않았나"라고 지적했다.

홍범도의 공과에 관심을 가져온 한 예비역 장군은 동전의 양면성을 정확하게 판단하여 보훈 조치를 해야 한다며 울분을 토했다.

그는 동족상잔 비극인 6·25남침전쟁과 제2연평해전, 천안함, 연평도 포격 등 북한군의 불법 도발에 의해 전사한 분들이 영면하시는 장소에 홍범도를 안장하는 것을 비판하며, "친소 괴뢰 논란에 빠진 홍범도는 자유시 참변 하나만 봐서도 용서될 수 없는 사람이다"라고 강조했다.

제7장

끝나지 않은 동족상잔,
제복은 영원한 애국

동족상잔의 비극인 6·25남침전쟁을 치르며 굳건한 한미동맹이 결성된 지도 70년이 되었다.

그러나 북한은 핵과 미사일을 개발하고 도발을 멈추지 않으며 주변국을 계속 위협하고 있다.

국가안보가 어느 때보다도 심각하게 위협받고 있는 시점이다.

국가안보는 여와 야, 진보와 보수를 가리지 않고 모두 한목소리를 내야 하는 국가의 최우선 과제이다.

국민의 안보의식이 이완되면 배를 가라앉히는 죽음의 덫인 '세이렌' 경보를 아름다운 노랫소리 정도로 간과하여 국가를 위태롭게 한다.

비상시에 울리는 사이렌 경보의 의미와 역할이 얼마나 중요한가를 일상에서 잊지 말고, 우리 현시점의 안보상황을 위기로 인식하여 그에 대해 적극적으로 대처하고 행동하는 국민적 대응이 필요한 때이다.

김원봉 조선의용대장과 6·25남침전쟁, 그 올바른 인식법

6·25남침전쟁 시 인민군의 1/3인 5, 6, 12사단은 전쟁의 주역인 김원봉이 포함된 중국의 조선의용군 출신

　문재인 대통령은 2019년 현충일 추념사에서 김원봉이 이끌던 조선의용대가 광복군에 참여한 것을 강조하면서 "통합된 광복군은 대한민국 국군 창설의 뿌리가 되고 나아가 한미동맹의 토대가 됐다"고 말했다.

　국방부와 국가보훈처는 한발 더 나아가 '김원봉 복권 및 서훈'을 한때 진행했었다. 그 이유는 김원봉에 대한 문 대통령의 각별한 '애정'을 의식했기 때문으로 전해졌다.

김원봉 조선의용대대장과 '6·25남침전쟁'으로 폐허가 된 광화문 일대 모습 (사진제공–동영상 캡처/국방부)

문 대통령은 2015년 영화 〈암살〉을 관람한 뒤 페이스북에 "김원봉 선생에게 마음속으로나마 최고급 독립 유공자 훈장을 달아 드리고 싶다"고 했다. 여권 핵심 관계자는 "그전부터 김원봉에 대한 관심이 많았고 각종 역사 서적을 통해서 김원봉을 접한 것으로 알고 있다"고 했다. 대통령이 언급한 내용만 볼 때는 충분하게 이해될 수 있다.

그런데 조선의용대 후신인 중국 인민해방군의 조선의용군(5만 명)은 6·25남침전쟁 직전 북한에 들어가 인민군 전력의 3분의 1 규모를 차지했다. 평양방어사령관을 맡은 무정을 비롯해 5사단장 김창덕, 6사단장 방호산, 12사단장 전우 등 인민군 장성 50% 정도가 조선의용군 출신이었다.

6월 25일 새벽 남침(南侵)한 연대 21개 중 47%인 10개도 마찬가지

제복은 영원한 애국이다

였다. 조선의용군 입북(入北)은 "김일성으로 하여금 남침 전쟁 도발 결심과 전쟁 승리의 확신을 심어준 결정적 요인이었다"고 많은 전문가들이 주장했다.

김원봉은 해방 이후 남북협상 때 월북하면서 사회주의 정치인의 길을 걸었다. 1948년 8월 북한 최고인민회의 1기 대의원이 됐고, 같은 해 9월엔 북한 초대 내각의 국가검열상(국방부장관)에 올라 동족상잔의 비극을 만든 주역이 되었다.

6·25남침전쟁 때는 군사위원회 평북도 전권대표로서 후방에서 북한군의 군량미를 생산하는 일을 했다. 1952년 5월 국가검열상에서 노동상으로 임명됐다. 이 때문에 대통령이 언급한 "김원봉의 조선의용대가 한미동맹의 토대가 됐다"를 두고 정치권에 이념갈등이 일어났다.

이후 청와대는 "김원봉 서훈 계획이 없다"는 입장을 내놨다. 그동안 '김원봉 서훈 작전'을 해 왔던 일선 부처들은 그 같은 청와대 반응에 의아해하고 있다.

문 대통령의 발언 이후 '김원봉 서훈 대국민 서명운동'을 추진하기로 했던 일부 독립운동 단체도 서명운동 계획을 철회했다. 정부 관계자는 "청와대 의중이라며 여러 일을 추진해왔는데 혼란스럽다"고 했다. 또 다른 관계자는 "아마 일시적 후퇴일 것"이라고 했다.

언어 혼란으로 초등학생 일부, 6·25북침전쟁을 북한이 침범한 전쟁으로 이해?

요즈음 정쟁에 열을 올리고 있는 정치권에서는 '제 얼굴에 침 뱉기' 식으로 상대방 비난에 열을 올리는 사례를 종종 볼 수 있다. 이렇듯 '얼굴에 침 뱉기'는 부정적인 의미지만, 아프리카에서는 반대이다.

아프리카의 마사이 부족은 반가운 사람을 만나면 얼굴에 '침 뱉기 인사'를 한다. 이는 그 지방이 너무 건조해서 상대방 얼굴에 습기를 더해주기 위한 배려인 것. 이처럼 용어의 의미는 환경에 따라 너무나 상이함을 알 수 있다.

또 한 가지는 초등학생들에게 설문조사 하니 놀랍게도 6·25남침전쟁을 '북침전쟁'이라고 답하는 어린이가 많았는데, 이들 중 대부분은 "북침전쟁의 의미를 북한이 침범한 전쟁"으로 오해해서 그렇게 답했다고 한다.

이러한 해석의 차이와 소통 부재는 베를린 장벽도 조기에 무너뜨렸다. 1990년 11월 9일 동독 공산당 대변인 귄터 샤보프스키는 변경된 여행 자유화 정책에 대해 기자회견을 하던 중 이탈리아 기자로부터 "언제까지 유효한가"라는 질문을 받자 "바로! 지금부터!"라고 잘못 대답했다.

독일어가 서툰 그 이탈리아 기자는 "베를린 장벽이 무너졌다"는 내용으로 본국에 타전했고, 미국과 서독 언론들도 "동독이 드디어 국경을 개방했다"라고 보도했다. 그 소식을 접한 동서독 주민들은 베를린 장벽을 부수기 시작했고, 마침내 동·서독의 통일은 조기에 이루어졌다.

때론 역사는 이런 식으로 흘러간다. 샤보브스키의 엉뚱한 대답이 베를린 장벽을 쉽게 무너뜨렸듯이 역사는 필연적 관계보다 우연한 계기로 변화하기도 한다.

미국의 카네기 국제평화재단이 발간하는 〈세계의 전쟁〉이란 글에는 기원전 1496년부터 약 3357년간을 분석한 결과, 평화기간은 227년이고 전쟁기간은 3130년이었다고 한다. 즉 1년의 평화를 위해 13년간 전쟁을 한 셈이다. 마키아벨리는 "결코 전쟁을 피할 수는 없다. 단지 한쪽의 이익을 위해 연기되고 있을 뿐이다"라고 말했다.

용어혼란전술로 인한 안보균열 막기 위해 '6·25남침전쟁'이라고 불러야

정전 상태인 한반도도 예외는 아니다.

우리는 북한과 일부세력의 용어혼란전술로 인한 소통과 해석의 지장으로 안보의식과 군사대비태세를 약화시켜서는 안 된다. 그들이 주장하는 민족이란 '유일사상을 공유하는 사람들'이고, 평화는 '미군이 철수한 상태'이며, 남북통일이란 '남북이 공산화되는 것'이라고 북한이 발행한 '조선말대사전'에 명기되어 있다.

현명하게 재판단한 청와대가 "김원봉 서훈 계획이 없다"는 입장을 내놨지만 용어혼란전술로 사상 무장을 와해시키려는 특정 세력들의 의도에 휘말려서는 안 된다. 호국보훈의 달인 6월을 보내면서 우리는 '6·25는 남침전쟁'임을 분명히 하여 언어의 혼란을 차단하고 안보의식과 군사대비태세 약화를 막아야 한다.

그래야 '6·25남침전쟁'과 같은 동족상잔의 비극이 되풀이되는 것을 대비하며 예방할 수 있기 때문이다.

제복은 영원한 애국이다

6·25남침전쟁 시
'금화지구 희생 헌우 추도식' 개최

국군이 평양 점령 당시 안정화 작전중이던 군사경찰, 불의의 기습 받아 69명의 전사상자 발생

2021년 10월 21일 오전 강원도 철원군 자등고개 북쪽 과거 헌병대대가 주둔하던 곳 위병소 앞자리에서 금화지구 희생 헌우(군사경찰 전우) 추도식이 열렸다.

코로나19의 위기 속에서 개최된 이 추모식은 위난에 처한 조국을 구하고자 불타는 충성심으로 군사경찰(헌병)의 투혼을 불사르며 장렬히 산화한 지 71년이 되는 날이자, 당시 헌병감실과 생존 전우들이 위령비를 건립한 지 25년이 되는 날이다.

2021년 10월 21일 개최된 '금화지구 희생 헌우(군사경찰 전우) 추도식' 기념촬영 모습 (사진-대한민국 헌병전우회)

　행사는 대한민국헌병전우회(헌우회장 홍종설, 육사 34기, 전 국방부 조사본부장)가 주관하여 치열한 전투 당시 생존자인 문기택, 박우제 및 유족 대표 김봉환(육사 34기 예비역 준장), 최상배 등 관련자들이 진행했다.

　또한 역대 헌우회장인 권영욱(육사 28기)을 비롯하여 각지역 헌병전우회 및 산악회, 삼필회 그리고 3사단장 손식 소장(육사 47기)과 국방부 및 육군의 군사경찰 지휘관 등 50여 명이 참석하여 호국영령의 넋을 추모했다.

제복은 영원한 애국이다

국군장병, 그날의 희생정신과 교훈 되새기며 국가 안보 최전선에서
임무수행

1950년 10월 1일 국군 1군단이 동해안에서 38선을 돌파했고, 유엔군은 10월 9일 서부지역에서 38선을 돌파하며 북진을 시작했다. 가장 중요한 목표는 평양이었다. 이후 북한군이 결사적으로 평양을 방어하는 가운데 국군과 유엔군은 평양 선두입성을 놓고 치열하게 경쟁했다.

국군 1사단은 11일 아침에 고랑포 정면의 38선 진지를 돌파한 후 시변리(13일)-신계(14일)-수안(16일)-상원, 율리(17일)-평양 동남쪽 지

'금화지구 희생 헌우(군사경찰 전우) 추도식'에서 추도사를 하는 헌우회장 홍종설(육사 34기, 전 국방부 조사본부장) 예비역 소장과 당시 전사한 故 김인영(金仁泳) 예비역 헌병중령(헌병 3기)의 손자 김봉환(육사 34기) 예비역 장군이 경례하는 모습 (사진-대한민국헌병전우회)

동리(18일)-대동강 동쪽 도달(19일 아침)까지 미 1기병사단과 앞서거니 뒤서거니 하며 진격을 계속했다.

이때 국군 1사단장 백선엽 장군은 자신이 어릴 때 수영을 배웠던 대동강 동쪽 지역을 너무도 잘 알고 있었다. 그 덕분에 미군의 도하공격 하루 전인 19일 밤 도하장비 도착을 기다리던 미군을 제치고 국군 15연대가 대동강을 급속 도하하여 평양에 진출할 수 있었다.

한편, 국군이 평양을 점령하던 10월 21일 6시 30분경, 안정화 작전 수행을 위해 헌병사령부 제2대대 9중대는 철원군 금화읍 읍내리에서 치안경비와 포로후송의 임무를 수행하던 중에 적의 기습을 받아 전사 18명, 실종 42명, 부상 9명의 큰 피해를 입었다.

그러나 전쟁 중에 장렬히 산화한 선배 헌병전우들의 영령을 추모하는 자리를 마련하는 길은 길고도 어려웠다.

결국 선배 헌병전우들이 금화지구에서 목숨을 바친 지 46년이 지난 1996년 10월 21일에 이르러서야 당시 육군 헌병감실과 생존 전우, 헌병 7학병동지회를 비롯한 선후배 헌우 및 헌병병과 장병들의 정성이 모아져 추모의 위령비를 세울 수 있었다.

전몰 장소는 현 위령비 위치에서 20Km 이격된 민통선 북방이라 출입이 곤란하고 관리가 어려울 것으로 예상돼 유족들의 참배와 관리가 용이한 당시의 3사단 헌병대 위병소 앞에 건립하게 되었다.

최근 백골부대인 3사단의 군사경찰 대대가 상부 계획에 의거 타지역으로 이전했으나 현지 장병들의 적극적인 지원으로 위령비 관리와

제복은 영원한 애국이다

행사 준비는 차질없이 진행되고 있다.

다시금 국군장병들이 이렇게 호국영령의 넋을 추모하며 숭고한 희생정신과 그날의 교훈을 되새기면서 새로운 결의를 다짐하고 국가 안보의 최전선에서 임무를 다하는 모습에 힘찬 박수를 보낸다.

생사기로(生死岐路)에서 싸웠던
연평해전 용사에 대한 예법

1999년 이후 북한의 서해 도발로 아군은 전사 55명, 부상 42명의 인명피해 발생

1999년 6월 15일 서해 연평도 인근 해상에서 남북함정 간 전투가 벌어졌다. 당일 8시 45분 북한 경비정 7척이 우리 고속정에 접근하여 충돌공격을 감행하자 우리 해군은 1차, 2차 밀어내기 경고를 실행했고, 9시 28분 북한 경비정 684호가 25mm 기관포로 선제공격을 가해왔으며 어뢰정 3척도 가담하였다. 북 경비정 684호는 우리 고속정과 초계함의 대응사격 등 반격으로 반파되어 퇴각하였다.

14분간 진행되었던 교전에서 고속정 325호 정장 안지영 대위 등 7

안중근 장군의 유묵과 제1차(1999년), 제2차 연평해전(2002년)에서 벌어진 남북 간 교전 (사진-방송화면 캡처)

명이 부상당해 긴급 후송되었고, 이에 반해 북한군은 어뢰정 1척 침몰, 경비정 1척 침몰, 3척이 파손되고 130여 명의 사상자가 발생한 것으로 추정되었다.

"나라를 위해 몸을 바침은 군인의 본분이다"라는 뜻의 '위국헌신 군인본분 (爲國獻身軍人本分)'은 안중근 장군이 여순 감옥에서 남긴 유묵(遺墨) 중의 하나이다. 왼쪽 아래편에 안중근 장군 자신의 수장인(手掌印, 손바닥으로 찍은 도장)을 먹물로 찍어서 더 유명해졌다.

군인은 본분을 다하기 위해 안중근 장군의 또 다른 유묵처럼 '견위수명(見危授命, 위기를 보면 목숨을 바친다)'을 실천한다.

제1차 연평해전은 완벽한 승리로 결말지었지만, 3년 후인 2002년 6월 29일 오전 10시경 발생한 제2차 연평해전은 한일월드컵이 막바지에 이른 시기로 연평도 근해 NLL 이남지역에서 북한의 무력 기습도 발로 시작되어 많은 희생자가 발생했다.

교전결과 아군 참수리 357호는 북 함정의 불법 기습 사격으로 선체에 손상을 입고 11시 59분경 침몰했으며, 탑승승무원 30명 중 6명이 전사하고 19명이 부상당했으며 북쪽도 경비정 1척이 반파되어 견인되다가 해안가에서 침몰하고 약 30여 명의 사상자가 발생한 것으로 추정되었다.

그밖에도 그림표와 같이 1999~2010년 사이 천안함 피격과 연평도 포격 도발 등 북한의 서해도발로 아군은 전사 55명, 부상 42명의 인명피해가 발생했다.

당시 김대중 정부는 제2연평해전이 발발하여 국군 6명이 전사하고 참수리 357고속정이 침몰하였음에도 NSC(국가간전보장회의)를 4시간 35분 만에 여는 등 늦장 대응을 했으며, 대통령 주재 NSC에서는 이를 우발적 충돌로 결론지었고, 같은 내용의 북한 통지문이 오자 그대로 수용했다.

또한 교전 다음날 예정된 금강산 관광선을 출항시켰으며, 김대중 대통령은 한일월드컵 결승전이 열리는 일본 사이타마로 출국하여 결승전 경기에 참석했다.

부상 후 치료를 받다 사망한 고 박동혁 병장의 아버지 박남근 씨는 "부상당한 아들의 면회를 기다리며 TV를 보니 대통령이 일본에서 박수를 치고 있었다"며 "출국한 성남비행장에서 국군수도통합병원까지는 몇 분도 걸리지 않는데…"
라고 말하며 원통해했다.

전사한 윤영하 소령의 아버
지 윤두호 씨는 "서해에서 전
투가 벌어진 이후에 대통령이
출국한 것은 지금도 이해가 되
지 않으며, 전쟁이 나면 대통
령은 밖에 있다가도 들어와야
하는 것이 정상적인 국가 아닌
가요?"라며 비판했다.

이후 제2연평해전 전사자
추모식에도 김대중 대통령은

1999~2010년간 북한의 서해도발 피해현황
(자료제공-국가보훈처)

참석하지 않았으나, 2004년 노무현 정권 때 제2연평해전, 동티모르
파병 이후 법률 시행령이 개정되어 지금과 같은 보상규정이 이루어지
게 되었다.

그 이후 참여정부는 군인연금법 시행령을 개정하여 적과의 교전과
정에서 전사한 군 장병의 유족들이 최고 2억 원의 사망보상금을 받을
수 있도록 하고, 연금 대상자인 부사관 이상 간부에 대해서는 보상금
을 높였다. 늦게나마 다행스런 일이었다.

국가 번영 위해 군인 예우에 대한 '해현경장(解弦更張)' 필요

우리 사회에는 국가와 타인을 위해 희생하면서 사회공헌에 기여하는 분들이 있다. 소방관, 경찰, 군인, 각종 종교 및 봉사단체 등이 많은 활동을 하고 있다.

그러나 사회공헌하는 분들에 대한 우리 국민들의 대우는 어떠한가? 필자가 육군본부 정책실장으로 근무하면서 미 육군과 육군회의 (Army Talk)를 위해 미국 워싱턴을 방문하여 차량이동 간 식당에 들어 갔을 때, 앞아 계시던 시민들이 박수를 치기에 통역장교에게 무슨 행사가 있냐고 물어봤는데 답은 의외였다.

그는 "제복을 입은 군인들이 식당에 들어와서 격려와 존경하는 마음을 표하기 위해 박수를 치는 것입니다"라고 전달해 주었다.

장거리 비행기에 탑승했을 때 1등석을 양보하고 특식을 전달하거나, 6·25남침전쟁 참전용사인 무명의 '헤즈키아 퍼킨스'가 고령으로 사망했을 때 유족이 없어 자원봉사자를 모집했는데 수천 명이나 모여 오하이오주 신시네티시의 대대적인 장례식행사가 되었다는 등의 이 야기들은 들었지만 필자가 직접 경험하고 보니 그 감동은 이루 말할 수 없었다.

6월은 보훈의 달이다. 또 6·25남침전쟁이 벌어진 달이기도 하다. 6월 15일 제1차 연평해전의 승전을 축하하기에 앞서 우리 사회도 미국처럼 국가를 위해 희생한 군인들에 대한 예우가 개선될 필요가 있다.

제복은 영원한 애국이다

우리도 미국처럼 군을 존중하는 사회의식 개혁이 필요하다. 우선 신분의 고하와 빈부를 불문하고 병역의무를 다하는 노블레스 오블리주(noblesse oblige)의 국민의식이 먼저이다.

노블레스 오블리주는 사회 고위층 인사에게 요구되는 높은 수준의 도덕적 의무를 뜻하는 말이다. 초기 로마시대에 왕과 귀족들이 보여 준 투철한 도덕의식과 솔선수범하는 공공정신에서 비롯되었다고 한다.

실제로 제1차 세계대전과 제2차 세계대전에서는 영국의 고위층 자제가 다니던 이튼칼리지 출신 중 2천여 명이 전사했고, 포클랜드전쟁 때는 영국 여왕의 둘째아들 앤드루가 전투헬기 조종사로 참전하였다. 6·25전쟁 때에도 미군 장성의 아들이 142명이나 참전해 35명이 목숨을 잃거나 부상을 입었다.

당시 미8군사령관 밴플리트의 아들은 야간폭격 임무수행 중 전사했으며, 대통령 드와이트 아이젠하워의 아들도 육군 소령으로 참전했다. 중국 지도자 마오쩌둥이 6·25남침전쟁에 참전한 아들의 전사 소식을 듣고 시신 수습을 포기하도록 지시했다는 일화도 유명하다.

미국은 건국 이래 가장 많은 전쟁을 치른 국가이고 전 국민들의 가족들이 참전했다. 어느 가정이나 남편, 자녀, 조카 등 친지 중의 한 명 이상은 모두 군인으로 경험을 했고 전사자와 상이용사가 있다. 그래서 어느 곳에서나 軍에 대한 예우는 각별하다.

우리도 이젠 바뀌어야 한다. 호국보훈의 달을 보내면서 번영하는 국가다운 국가를 만들기 위해 해현경장(解弦更張)이란 말이 떠오른다.

해현경장(解弦更張)이란 "거문고의 줄을 바꾸어 맨다"라는 뜻으로, 우리나라도 느슨해진 것을 긴장(緊張)하도록 다시 고치거나 사회적, 정치적으로 국민의식과 제도를 개혁하는 것이 절실한 시기이다.

안타까운 청해부대 행사장 사고를 위로해 줄 '해군의 승전보' 역사

청해부대 '최영함' 입항 환영식 중 배 홋줄 끊어지는 사고로 5명 사상자 발생

2019년 5월 24일 오전 10시경 진해 해군기지사령부 내 부두에 정박한 청해부대 최영함 선수 쪽 갑판에서 홋줄(배가 정박하면 부두와 연결하는 밧줄)이 '펑' 하는 소리와 함께 인명 사고가 발생했다.

이역만리 소말리아 아덴만에서 6개월간 임무를 수행하고 돌아온 해군 청해부대 '최영함' 입항 환영행사 도중 사고로 해군 병장 1명이 숨지고 4명이 다쳤다.

안타까운 소식이다. 그러나 우리 해군은 6·25남침전쟁 전후로 대

북 응징보복작전인 '몽금포 해전'과 해군 최초의 전투함인 '백두산함'
의 '대한해협해전' 전승의 쾌거를 이룩한 선배들의 혁혁한 전통을 이
어받은 강군이다.

한편, 6월은 1950년에 북한의 남침으로 남북이 피흘려 싸운 동족
상잔의 비극이 발생한 달이다.

그 6·25남침전쟁 때 비무장지대(DMZ) 내에서 전사한 남북 군인들
의 유해를 공동으로 발굴하자는 '9.19남북군사합의'에 따라 국방부
유해발굴조사단이 4월 29일부터 5월 2일까지 나흘간 철원 비무장지
대(DMZ) 화살머리고지에서 유해 60여 점을 추가로 발굴했다.

국방부 유해발굴조사단이 2019년 4월 29일부터 5월 2일까지 나흘간 철원 비무장지대 화살머리고지 일
대 동굴진지 내부에서 발굴된 60여 점을 현장감식하는 모습 (사진제공-국방부)

제복은 영원한 애국이다

우리 해군은 6·25남침전쟁 전후로 '몽금포해전'과 '대한해협해전' 전승의 쾌거 이룩

그런데 이미 70년 전, 6·25남침전쟁 발발 1년 전인 1949년 8월 17일에도 남북 해군이 북쪽 몽금포 일대에서 피흘려 싸웠다. 이 '몽금포 해전'은 과감하게 시행된 기록상 유일한 대북 응징보복 작전이었다. 이러한 역사적 사실은 7년 전에 당시 해군참모총장 최윤희 제독(前 합참의장)에 의해 최종 확인 공개되었다.

당시 대한민국 국군은 창군된 1948년부터 큰 위기를 맞았다. 육군 내 좌익으로 활동하던 강태무, 표무원이 예하 2대대 병력 전체를 이끌고 월북했고, 해군에서도 암약하던 좌익이 동해에서 함정 4척을 동반해 월북한 일이 있었다. 또 9척을 유인 납북시키려다 발각되어 실패하고 저지하는 정장을 살해하는 사건도 발생했다.

이렇게 뒤숭숭하던 1949년 8월 10일 인천항에 정박한 미 군사고문단장 로버트 준장의 전용보트가 납북된 사실이 밝혀졌다. 6일 뒤 이승만 대통령이 참석한 가운데 개최될 예정이던 관함식을 방해하기 위해 북한이 대담한 선제도발을 한 것이다.

이승만 대통령은 경무대 대책회의에서 동해에서는 태극기를 단 함정이, 서해에서는 성조기를 단 보트가 납북된 것에 대해 개탄하며 이응준 육군참모총장과 손원일 해군참모총장을 질책했다.

국가의 정체성과 존립성마저 흔들리는 심각한 위기의식을 느낀 손

해군참모총장은 북한에 강력한 충격을 줄 필요가 있다고 판단했다. 마침 첩보부대는 북으로 끌려간 보트가 몽금포항에 계류된 사실을 밝혀냈다.

손 총장은 정보감 함명수 소령을 특공대장으로 하는 20명의 상륙대원들과 함정 5척으로 구성된 해군전단에게 보트탈환 및 응징작전을 지시했고 전의에 불탄 이들은 전날 밤에 은밀히 인천항을 빠져나왔다.

드디어 8월 17일 새벽 여명 속에 몽금포 해변 윤곽이 들어나자 특공대원들은 고무보트에 올라 항구로 돌진했다. 예상외의 기습에 놀란 북한군은 해안초소와 부두에 정박한 함정에서 사격을 가함으로써 쌍방 간에 치열한 전투가 전개됐다.

이때 적탄이 특공대장 함 소령의 양쪽 허벅지를 관통했고, 뭍 근처까지 도달한 고무보트 중 4척은 기관 고장으로 멈췄다. 자칫 전멸될 위기였다. 이것을 목격한 공정식 소령이 통영(JMS-302)함을 지휘해 적진 속에서 포로가 될 상황에 처한 함 소령과 상륙대원들을 구출한 후, 37밀리 포로 북한 함정 4척을 대파 격침시켰다.

승조원들은 육박전을 벌여 북한군 5명(장교 1명, 병 4명)을 생포한 뒤 35톤급 제18호 경비정까지 나포해 남하했다. 비록 목표했던 보트를 되찾지는 못했지만 예상외의 큰 전과를 거두게 됐다.

몽금포 전투는 자유민주주의 체제와 우리 국민을 위협하는 세력에 대해 단호하게 응징한 작전으로 역사에 길이 남을 만하다. 참전자는

제복은 영원한 애국이다

특공대원을 포함해 200명으로 그중 1명만 부상을 입었다. 당시 우리 해군 전체 병력은 3천명으로 15분의 1이 출전한 것이다.

이 전투를 통해 위협세력의 근원지를 타격해 적 전투력과 의지를 무력화시켰고 계속돼 온 북한의 폭동, 반란, 월북, 납북사건 등을 급격히 감소시켰기 때문이다.

하지만 이 작전 후 군은 곤욕을 치렀다. 미국이 무초 대사를 통해 '해군의 38선 월북작전'에 항의하고, 김일성은 "6·25남침전쟁 발원은 몽금포 작전"이라며 선전과 선동전을 편 것이다.

이 주장에 중국과 소련이 가세하며 북침설이 나돌았으나, 1990년대 초 러시아 비밀문서가 공개되면서 북침설은 존립 근거를 잃었다.

그런데도 우리 군은 몽금포 작전을 인정하는 데 20년 이상 허비하다가, 당시 해군참모총장 최윤희 제독의 뚝심으로 2012년 6월 해군본부에서 발행한 〈6·25전쟁과 해군작전〉이란 책에서 공식 기록으로 등재돼 구전되어 오던 이 혁혁한 전공이 63년 만에 빛을 보게 되었다.

그러나 우리 해군은 자랑스런 '몽금포 해전' 승리의 역사 속에서도 보트가 고장나 전멸당할 위기에 봉착하는 등 6·25남침전쟁 직전까지 우리 영해를 지킬 단 1척의 제대로 된 전투함도 갖지 못했었다.

그러자 우리 해군은 장병들이 매달 봉급에서 10%씩을 떼어 함정 도입자금을 마련했고, 당시 해군참모총장이었던 손원일, 정긍모 제독의 부인들을 포함한 군인가족들도 삯바느질과 수제품 가공으로 돈을 모아 첫 전투함의 장착무기 구입 성금을 보탰으며, 이어 많은 국민이

국민의 힘으로 탄생시킨 해군 최초의 전투함인 '백두산함'(사진제공-연합뉴스)

어려운 형편에서도 주머니를 열고 보리쌀까지 팔아 100원, 200원씩 보태며 애국의 뜻을 함께 했다.

　그 성금으로 6·25남침전쟁 발발 불과 2개월 전에 우리는 드디어 최초의 전투함인 '백두산함(PC701)'을 우리 바다에 띄울 수 있었다. 비록 미국이 2차대전 때 쓰던 중고 함정이었지만 우리 국민의 성금을 모아 무기를 장착한 눈물 어린 애국의 결정판이었다.

　이렇게 국민의 힘으로 탄생시킨 해군 최초의 전투함인 '백두산함' 은 큰일을 해냈다. 3일 정도 훈련을 한 뒤인 6월 26일, 북한 특수부대 원 600명을 태우고 부산 앞바다로 기습 침투하려는 북한 무장수송선 을 대한해협에서 격침시켜 6·25남침전쟁의 첫 승전보를 알렸다.

　　　　　　　　　　　　　　　제복은 영원한 애국이다

당시 군함은 바다와 강토를 지키는 데 꼭 필요하다는 국민적 지혜와 열망이 있었기에 해군 최초의 전투함인 '백두산함'은 부산항 침투와 후방 교란으로 우리의 배후를 위협했던 적을 차단할 수 있었고, UN군 지원이 가능해져 아찔한 국가적 위기에서 다시 일어설 수 있었다.

우리는 6·25남침전쟁과 같은 위기에도 온 마음을 다해 국가를 위해 헌신했던 손원일, 정긍모 제독의 부인들처럼 진정한 애국의 길을 가는 국민이 있다. 북한의 도발 등 복잡하고 위협적인 주변 정세 속에서 국가안보태세는 이런 정성스런 국민이 나서야 만들어진다.

국가안보태세는 해군 최초의 전투함을 구입한 정성스런 국민의 애국심이 만들어

우리나라 역사상 최다 관람객 1위인 영화는 〈명량〉이다. 이순신 장군의 위기극복 능력을 잘 묘사한 이 영화는 아직까지도 감동을 주며 그 기록은 깨지지 않고 있다. 이는 세월호, 고위 정치인 비리, 군 폭행사고 등으로 식상의 차원을 넘어 혐오를 느끼게 하는 정치사회적 현상 때문에 누적된 답답함을 날려보내는 청신호가 되기 때문이다.

24일 발생한 진해의 청해부대 입항식장의 인명 사고 등 안전사고, 총기난사, 폭행치사 등으로 군의 신뢰가 떨어지고 있는 어려운 상황이지만, 우리 군은 국민의 재산과 생명을 지키는 근본 임무를 망각하

대한해협해전 전승 68주년을 맞아 6월 26일 부산 중구 중앙공원에서 열린 대한해협해전 전승기념행사에서 참전용사들이 전승기념비에 경례하고 있다. 사진 오른쪽부터 당시 백두산함 갑판사 최효충, 조타사 최도기 기관사 윤자호(사진-연합뉴스)

지 말고, 내외부로부터 있을 불순한 세력에 의한 테러나 북한의 무력 도발에 철저하게 우선 대비해야 한다.

그래야 이미 70년 전에 과감한 '몽금포 해전'이라는 대북 응징작전을 시행했고, 국민의 힘으로 탄생시킨 해군 최초의 전투함인 '백두산함'이 성취한 '대한해협해전 전승' 등 선배들의 혁혁한 전통을 이어받아 강군으로 거듭날 수 있고, 국민들에게는 신뢰의 카타르시스를 되찾아 줄 수 있기 때문이다.

제복은 영원한 애국이다

6·25남침전쟁의 '예수'와 '영웅'에게
무공·국민훈장 수여

문재인 대통령, 故 에밀 조세프 카폰 군종신부와

호주 콜린 니콜라스 칸 장군에게 '유엔군 참전의 날' 훈장 수여

2021년 7월 27일 문재인 대통령은 역대 대통령 최초로 '유엔군 참전의 날'을 맞이하여 미국 참전용사 故 에밀 조세프 카폰(Emil Joseph Kapaun) 군종신부와 호주 참전용사인 콜린 니콜라스 칸(Colin Nicholas Khan) 장군에게 각각 태극무공훈장과 국민훈장 석류장을 수여했다.

문 대통령은 이날 청와대 영빈관에서 열린 유엔군 참전의 날 기념 유엔군 참전용사 훈장 수여식에서 "참전으로 맺어진 혈맹의 인연을

6·25남침전쟁 당시 미국 군종신부로 참전해 '한국전쟁의 예수' 및 '6·25남침전쟁의 성인'으로 불렸던 에밀 카폰 신부와 신부가 착용하던 십자가가 달린 철모를 구현한 기념물 모습 (사진-군종교구)

되새기며 참전용사들의 희생과 헌신에 보답하겠다"면서 "역대 대통령 최초로 '유엔군 참전의 날'에 훈장을 수여하는 영광스러운 임무를 수행하게 되었다"고 밝혔다.

'한국전쟁의 예수' 故 에밀 카폰 군종신부의 헌신적 생애

에밀 카폰 신부는 6·25남침전쟁 당시 미국 군종신부로 참전해 '한국전쟁의 예수', '6·25전쟁의 성인'으로 불렸다. 이날 훈장 수여식에

제복은 영원한 애국이다

는 조카인 레이먼드 카폰이 대한민국 최고 등급인 태극무공훈장을 대리 수상했고, 염수정 서울대교구장 추기경과 주한 교황대사 대리인 페르난도 레이스 몬시뇰, 군종교구장 서상범 주교가 참석했다.

캔자스주 필슨의 가난한 농가에서 태어나 1940년 사제 서품을 받은 카폰 신부는 1950년 7월 군종신부로 6·25남침전쟁에 파견됐다. 그의 소속 부대인 미 1기병사단 8기병연대 3대대는 인천상륙작전 이후 원산까지 진격했지만, 같은 해 11월 6·25남침전쟁에 불법 참전한 '중공군'의 포위 공격을 받았다.

부대에는 곧 철수 명령이 떨어졌지만, 카폰 신부는 중공군 포위를 뚫고 탈출할 기회를 스스로 포기하고 부상병들을 돌보기 위해 전선에 남았다. 그는 통나무와 지푸라기로 참호를 만들어 부상병을 대피시켰고 이들을 헌신적으로 돌보다가 결국 중공군의 포로가 됐다.

하지만 포로수용소에서도 카폰 신부는 자신보다 포로가 된 동료 병사들을 돌보는 데 헌신했고, 그 와중에 이질과 폐렴에 걸려 1951년 5월 23일 35살 젊은 나이로 세상을 떠났다.

전장에서 꽃핀 카폰 신부의 박애정신은 포로가 되었다가 살아남은 병사들의 증언을 통해 알려졌고, 1954년 그의 생애를 담은 〈종군 신부 카폰 이야기〉라는 책으로 발간됐다.

한국에는 1956년 당시 신학생이었던 故 정진석 추기경이 〈종군 신부 카폰〉이라는 제목으로 번역판을 내면서 처음 소개됐다. 이후 그는 '한국전의 예수', '6·25 전쟁의 성인'으로 불려왔다.

故 정 추기경은 "지난 3월 미국 하와이주 국립태평양 묘지에 안장된 신원 미상의 참전용사 유해 중에서 카폰 신부의 유골이 확인됐다는 소식을 전달받았다"고, 출간된 개정판의 서문에 추가하는 구술내용을 남기기도 했다.

카폰 신부는 전쟁터에서 인류애를 실천한 공로를 인정받아 2013년 미국 정부로부터 최고 무공훈장인 '명예훈장'을 받았다. 교황청 시성성(순교·증거자의 시복·시성 담당)은 1993년 카폰 신부를 '하느님의 종'으로 선포했고, 카폰 신부 출신 교구가 성인 시복을 추진하고 있다.

염 추기경은 "카폰 신부님이 태극무공훈장을 받게 돼 대한민국 국민의 한 사람으로서 기쁘고 감사하다"며 "이 땅에서 전쟁 중 목숨을 바친 분들, 우리나라를 위해 참전한 유엔군 청년들의 고귀한 죽음을 기억할 것"이라고 말했다.

또한 문 대통령은 감사의 마음을 담아 에밀 카폰 신부 유족에게 6·25남침전쟁 당시 카폰 신부가 착용하던 십자가가 달린 철모를 구현한 기념물을 선물하였다.

대리 수상한 레이먼드 카폰은 "이 훈장은 대한민국 국민들이 6·25남침전쟁 참전용사 및 전사자들께 얼마나 감사하고 있는지를 상기시켜 주는 것"이라며 "다시 한번 저희 삼촌을 대신하여 감사드린다. 대한민국은 저의 마음속에 특별한 자리로 남았기 때문에 꼭 다시 방문하겠다"고 말했다.

제복은 영원한 애국이다

호주 왕립연대 소대장으로 참전했던 콜린 칸 장군, 국민훈장 석류장 수상

문 대통령은 이어진 수여식에서 6·25남침전쟁 때 파병된 호주군의 업적을 말하며 "호주 왕립연대 소대장이었던 칸 장군님은 6·25남침전쟁에서 죽음의 고비를 넘긴 뒤 전쟁 후에는 대한민국 발전상을 호주 전역에 알리는 일에 앞장섰다"며 "전쟁 때 함께 싸웠고, 전후 복구에도 큰 힘이 되어준 장군님과 호주 참전용사들을 오래오래 기억할 것"이라고 소개했다.

이날 국민훈장 석류장 수상은 칸 장군의 조카 손녀인 캐서린 엘리자베스 칸(Katherine Elisabeth Khan)이 대리 수상했다. 문 대통령은 감사의 마음을 담아 칸 장군의 유족에게도 호주군이 참전했던 가평전투

문 대통령이 감사의 마음을 담아 칸 장군의 유족에게 선물한 호주군이 참전했던 가평전투를 기리는 가평석 기념석패 (사진-청와대)

를 기리는 가평석 기념석패를 선물했다.

　칸 장군의 조카 증손녀 이매진 스미스는 "콜린 칸 증조할아버지를 대신하여 오늘 훈장 수여식에 참석하게 되어 영광"이라고 한국어로 말한 뒤, "코로나바이러스 때문에 참석하지 못해 굉장히 아쉬워하셨는데, 이 영광스러운 상과 영예를 주셔서 정말 감사드린다"라고 말했다.

제복은 영원한 애국이다

화랑훈련의 경보 사이렌과
안타까운 국민의 무관심

화랑훈련은 국가총력전 개념의 지자체장 중심 민·관·군·경
통합방위태세 확립 목적

　화랑훈련은 1997년 제정된 「통합방위법」에 따라 합동참모본부(통합방위본부) 주관으로 2년마다 실시되는 정례훈련으로 적의 침투 및 국지도발 등의 위협에 대비, 국가총력전의 개념에 입각해 지자체장 중심의 민·관·군·경 통합방위태세 확립 목적의 훈련이다.

　이번 화랑훈련은 22~25일까지 서울 전 지역에서 수도방위사령부와 서울지방경찰청, 서울시와 25개 자치구, 예비군 등 7만 7천여 명이 참가하며 대항군을 운용하여 더욱 실감나는 훈련이 되고 있다.

서울시와 수도방위사령부는 2019년 22일부터 25일까지 나흘 동안 서울 전 지역에서 8만 명 규모의 '2019화랑훈련'을 실시하고 있다. (사진제공-서울시/국방부)

육군은 주요 교차로에 교통통제소를 운용, 안전대책을 강구함과 동시에 훈련간 시민들의 불편을 최소화시켰다. 수방사 측은 "도심에서 병력이동훈련이 예정돼 있으니 시민들은 놀라는 일이 없길 바란다"고 사전에 전파하였다.

한편 통합방위훈련 중 반드시 포함되는 것이 민방위훈련으로 연간 총 5회 실시한다. 훈련 종류에는 민방공 대피훈련(1회), 재난 대비훈련 (2회), 민방위 시범훈련(1회), 민방위 종합훈련(1회) 등이다. 훈련내용은 사전 지정된 재난, 재해 취약분야에 대한 모의상황을 조성한 뒤 체험 실기 위주의 반복훈련이다.

경보를 뜻하는 사이렌(siren)은 전설의 요정(Nymph)
세이렌에서 유래, 지나는 배를 유혹해 가라앉히는 죽음의 덫

이때 사이렌(siren)을 울리는데 경보(警報)를 뜻하는 사이렌은 그리스 신화에서 나오는 아름다운 인간 여성의 얼굴에 독수리의 몸을 가진 전설의 요정(Nymph) 세이렌에서 유래하였다. 세이렌의 달콤하고 아름다운 소리는 지나가는 선원을 유혹하여 배를 가라앉히는 죽음의 덫이었다.

그러나 재미있게도 지금의 사이렌은 그리스 신화 속의 세이렌과는 대조적으로 위험으로부터 벗어날 수 있는 경고의 의미로 사용된다. 사이렌은 자극적인 주파수(파장)와 주기를 사용하여 사람들로 하여금 쉽게 주목할 수 있는 소리로 만들어 발령하고 있다.

최근의 안보환경은 북의 3대 세습정권 등장 후 핵실험, 미사일 발사, 포격, 함박도 등의 무력도발에서부터 디도스 공격, 위성항법장치(GPS) 전파교란에 이르기까지 도발의 수위와 위험성이 점차 높아지고 있다. 최근 고도의 과학기술 발달에 따른 전쟁 무기의 비약적 발전과 전쟁양상의 변화로 국민의 생명과 재산보호를 더 이상 군사적인 노력에만 의존할 수 없게 되었다.

이와 동시에 2016년 9월 12일 경주지진과 같이 자연재난분야 또한 그 결과는 인적재난과 복합적인 성격을 띠고 있다. 그리고 그 발생양상의 예측도 어렵고, 규모도 점점 커지며 발생빈도도 잦아지고 있다.

이처럼 매년 주기적으로 우리의 생활을 위협하며 양과 질에 있어 날로 대형화되는 자연재난에서도 비군사적인 측면의 방위개념이 중요시되고 있다. 이에 재난에 대한 완전한 대응은 불가하지만 신속하고 정확한 경보체계를 확립함으로써 인명과 재산 피해를 경감시킬 수 있다고 본다.

우리나라 민방위업무는 6·25남침전쟁 직후인 1951년 국방부 계엄사령부에 민방공총본부가 창설되면서부터 국민과 함께 해왔다. 민방위훈련은 1972년 최초 '민방공·소방의 날' 훈련이 실시된 이후 지금까지 지속적으로 실시되고 있다. 이러한 꾸준한 민방위활동이 유사시에 큰 효과를 발휘한다는 것은 그동안에 있었던 수많은 전쟁에서 증명된 사실이다.

국민의 무관심은 화랑훈련의 '사이렌'을 '세이렌'으로 변질시켜

하지만 문재인 정권 하에서의 '화랑훈련'은 민방공 대피훈련을 비롯해서 너무도 조용히 진행되었다. 또한 남북과 내부정치적 상황을 고려하여 시민들의 관심도 끌지 못했다. 국가총력전 개념의 지자체장 중심 민·관·군·경 통합방위태세 확립 목적이라는 의미가 무색할 정도이다.

안보는 여야도, 진보, 보수도 차별화되어 구분할 수 없다. 국가안보

제복은 영원한 애국이다

에 대해서는 여야, 진보, 보수를 가리지 말고 최우선적으로 한목소리를 내어야 한다.

이완된 안보의식으로 '세이렌'의 경보가 달콤하고 아름다운 소리로 되어 지나가는 선원을 유혹하여 배를 가라앉히는 죽음의 덫처럼 국가를 위태롭게 만들면 안 된다. 사실적으로 남북이 대치하고 있는 우리의 안보현실과 재난 발생상황을 생각해보면 민방위 경보 사이렌의 다소 날카로운 소리가 유사시에는 생명을 구하고 재난발생상황을 알리는 소리가 돼야 한다.

민방위사태와 재난현장에서의 사이렌 경보의 역할과 중요성에 대한 의미처럼 우리 현시점의 안보위기를 인식하여 사이렌 경보가 발령되면 무관심하지 말고 그 생명의 소리에 좀 더 귀 기울여 적극 행동하는 국민적 관심이 필요한 때이다.

제복은 영원한 애국이다

인쇄 2023년 5월 30일
발행 2023년 6월 1일

펴낸이 김희철

책임편집 차도경
디자인/편집 황수경, 정소연
펴낸곳 도서출판 오색필통
주소 서울특별시 중구 필동로 42-1 상원빌딩 2층
전화 02-2264-3334
팩스 02-2264-3335
전자우편 areumy1@naver.com

ISBN 979-11-981861-3-3
값 18,000원

※ 잘못된 책은 교환해 드립니다.